WELT DER ZAHL 4

Baden-Württemberg

Herausgegeben von

Prof. Dr. Hans-Dieter Rinkens

Kurt Hönisch

Gerhild Träger

Erarbeitet von

Nadine Franke-Binder, Kurt Hönisch,

Claudia Neuburg, Kerstin Peiker, Prof. Dr. Hans-Dieter Rinkens,

Dr. Thomas Rottmann, Michaela Schmitz, Gerhild Träger

Die Länderausgabe wurde erarbeitet von

Antje Brenner, Gäufelden · Kurt Hönisch, Frankenberg

Dr. Andreas Kittel, Schwäbisch Gmünd

Stefan Sosinski, Blumberg · Dorothea Ziegler, Aidlingen

Schroedel

Themen		Kompetenzen

Leitideen

 Zahl
 Raum und Ebene
 Muster und Strukturen
 Messen und Größen
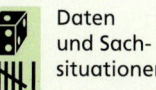 Daten und Sachsituationen

Schau ich zu den Sternen, denk ich oft nach.
Wie geht's da weiter? Was ist da wohl los?

1 Schon die Neandertaler sahen
die a) ▬▬▬ und fragten sich:
„Was ist das in der Ferne?"
Die b) ▬▬▬ haben es sich einfacher gemacht,
sie haben sich zu den Sternen Bilder ausgedacht.

a) 742 + 8
   473 + 9
   317 + 8
   689 + 6
   598 + 4
   319 + 6

b) 605 + 90
   417 + 20
   819 + 80
   305 + 20
   645 + 50

2 Vielleicht entdeckst du den Großen a) ▬▬▬,
dann kannst du es den anderen sagen.
Vielleicht siehst du das b) ▬▬▬ des Großen Bären.
Wo es ist, kannst du deinen Freunden erklären.

a) 272 + 100
    77 + 100
   651 + 300
   225 + 100
   202 + 400

b) 200 + 550
   200 + 282
   120 + 205
   105 + 590
   301 + 301
   290 + 110
    99 + 25
   199 + 42
   799 + 69

Zur Information: Das Sternbild „Großer Wagen" ist ein Teil des Sternbildes „Großer Bär".

3 Schaust du in den a) ▭▭▭ ,
schaust du in die Fern',
dann entdeckst du vielleicht einen b) ▭▭▭ Stern.
Dann wirst du c) ▭▭▭ , dann wirst du bekannt,
vielleicht wird der Stern nach dir benannt.

a)
736 – 4
133 – 9
905 – 6
908 – 9
331 – 6
248 – 7

b)
672 – 70
355 – 30
529 – 30
385 – 60
642 – 40

c)
1000 – 600
625 – 300
895 – 200
887 – 110
940 – 208
1000 – 101
883 – 401

1   Hunderter, Zehner, Einer: Geheimschrift

a) ▢ ≡ $1H + 5Z + 2E = 152$

b) ▢ ▢ ▢ ≡   c) ▢ ⋯

2   Schreibe in Geheimschrift.

a) 6 H + 2 Z + 3 E   b) 437
    4 H + 6 Z   347
    2 H + 2 E   304

3   Zerlege in Hunderter, Zehner, Einer.

a) $534 = 5H + 3Z + 4E$

b) 725   c) 801   d) 675
   527   180   57

4   a) $18Z = 1H + 8Z = 180$

b) 16 Z   c) 93 Z   d) 56 Z
   48 Z   39 Z   56 E

5   Wie heißt die Quersumme?

H	Z	E
● ●	●	● ● ● ●

Quersumme
2 + 1 + 4 = 7

a) 182   430   276   503
b) 100   492   335   123

6   Schreibe fünf dreistellige Zahlen auf

a) mit der Quersumme 10,

b) mit der Quersumme 5.

7

900 bis 1000

a) Wie heißt die Zahl mit der kleinsten Quersumme?

b) Wie heißt die kleinste Zahl mit der Quersumme 11?

8   a) Welche Zahlen werden am Zahlenstrahl gezeigt? Schreibe auf: A = ▢

A   B   C   D   E   F   G   H   I

0   100   200   300   400   500   600   700   800   900   1000

b) Zahlen bis 1000 vergleichen.

<   460   993   640   510   151   55   352   88

$460 < 640$

>   970   103   980   805   514   566   301   153

$980 > 153$

9   Nachbarzahlen.

a)
V	Zahl	N
▦	546	▦
▦	372	▦
▦	951	▦

b)
V	Zahl	N
634	▦	▦
▦	▦	700
▦	▦	1000

c) Schreibe die Nachbarzehner und die Nachbarhunderter auf.
500   540   **546**   550   600

d) Ergänze wie im Beispiel.

$546 + 4 = 550$ $546 + 54 = 600$
$546 - 6 = 540$ $546 - 46 = 500$

10
a) Berechne die Summe aus 230 und 120.

b) Berechne die Differenz von 480 und 180.

c) Berechne die Summe aus 150, 240 und 270.

d) Berechne das Produkt aus 7 und 11.

e) Berechne das Produkt aus 8, 7 und 5.

1 Zahlenblick schärfen.

a)

b)

c)

d)

e)

f)

a) 143 − 100
b) 143 − 10
c) 143 − 1

d) 124 + 100
e) 124 + 10
f) 124 + 1

2
a) 457 − 300
457 − 30
457 − 3

b) 536 + 300
536 + 30
536 + 3

c) 555 − 200
555 − 20
555 − 2

3
a) 550 + 80
360 + 70

b) 690 + 40
470 + 90

+ 50   + 30

550   600   630

4
a) 430 − 50
340 − 80

c) 530 − 60
870 − 90

b) 950 − 80
710 − 30

d) 140 − 50
220 − 60

5
a) 600 − 3
600 − 30
600 − 300

b) 800 − 5
800 − 50
800 − 500

6
a) 1000 − 2
2000 − 20

c) 700 − 60
700 − 6

b) 900 − 9
900 − 90

d) 400 − 80
400 − 8

7 Zahlenrätsel

a) *Wenn du von meiner Zahl 300 subtrahierst und dann 60 addierst, erhältst du 200.*

a)   − 300   + 60

■ →   ■ →   200

+ 300   − 60

$200 - 60 = 140$
$140 + 300 =$ ■

b) *Wenn du von meiner Zahl 70 subtrahierst und dann das Ergebnis verdoppelst, erhältst du 440.*

c) *Wenn du meine Zahl halbierst und dann 170 subtrahierst, erhältst du 180.*

d) *Wenn du von meiner Zahl 150 subtrahierst und das Ergebnis mit 25 multiplizierst, erhältst du 200.*

8
a) 3 · 40
4 · 20
2 · 80

| 3 | · | 4 | Z | = | 1 | 2 | Z |
| 3 | · | 4 | 0 | = | 1 | 2 | 0 |

b) 5 · 60
3 · 80
6 · 50

c) 7 · 90
9 · 30
4 · 40

d) 0 · 80
5 · 70
4 · 30

9 Wer multiplizieren kann, kann auch dividieren.

320 : 80 = 4
denn
4 · 80 = 320

a) 320 : 80
300 : 50
450 : 90
630 : 70

b) 200 : 20
240 : 60
250 : 50
280 : 40

c) 400 : 80
490 : 70
450 : 50
420 : 60

10 Punkt- vor Strichrechnung

a) 6 · 20 + 80
7 · 50 + 50
6 · 90 + 60

b) 70 + 3 · 10
40 + 8 · 20
90 + 3 · 70

c) 3 · 60 − 80
4 · 80 − 20
8 · 70 − 60

d) 640 − 3 · 30
730 − 4 · 20
850 − 2 · 50

e) 490 : 70 + 3
720 : 80 + 11
240 : 60 + 26

f) 400 + 240 : 80
150 + 150 : 50
270 + 540 : 90

11 Überprüfe die Ergebnisse. Findest du die Fehler?

a) 4 · 40 + 10 = 200
7 · 60 − 20 = 400
4 · 80 + 50 = 370

b) 300 − 60 : 30 = 8
720 − 560 : 80 = 712
220 − 80 : 20 = 7

Subtrahieren und Addieren im Kopf oder in Schritten

1

H Z E	Z E

5 3 0 – 6 0

530 – 60 = 470
530 – 30 = 500
500 – 30 = 470
Bastian

– 30   – 30
470   500   530
Lea

2
a) 730 – 70
732 – 70
732 – 72
730 – 72

b) 250 – 90
254 – 90
254 – 94
250 – 94

c) 810 – 30
810 – 33
813 – 33
813 – 30

d) 550 – 80
550 – 85
555 – 85
555 – 80

e) 320 – 50
322 – 50
322 – 52
320 – 52

3
a)
562 – 20
552 – 20
542 – 20

b)
755 – 40
765 – 50
775 – 60

c)
990 – 74
990 – 64
990 – 54

d)
380 – 56
480 – 56
580 – 56

e)
446 – 40
456 – 30
466 – 20

4
a) 380 + 70
382 + 70
380 + 72

b) 490 + 40
495 + 40
490 + 45

c) 250 + 90
250 + 93
253 + 90

d) 830 + 80
837 + 80
831 + 80

e) 640 + 70
640 + 73
640 + 79

5
a)
253 + 40
243 + 40
233 + 40

b)
530 + 68
630 + 68
730 + 68

c)
417 + 20
427 + 30
437 + 40

d)
760 + 26
660 + 25
560 + 24

e)
210 + 53
320 + 43
430 + 33

6
a) Welche Aufgabenfolge aus Aufgabe 5 ist gemeint?
Regel A: Beide Zahlen sind immer um 10 größer, das Ergebnis ist um 20 größer.
Regel B: Die erste Zahl ist immer um 100 größer, das Ergebnis auch.
Regel C: Die erste Zahl ist immer um 10 kleiner, das Ergebnis auch.

b) Schreibe auch die Regeln für die anderen Aufgabenfolgen auf.

7

438 + 99 = ▧   437 + 100

438 + 100
dann 1 weniger.

a) 438 + 99
255 + 99
746 + 99
543 + 98

b) 523 + 199
716 + 199
167 + 299
348 + 198

c) 725 + 19
626 + 29
938 + 39
817 + 59

354 466 537 546 573 641 655 722 744 845 876 915 977

8

472 – 99 = ▧

472 – 100
dann 1 mehr.   473 – 100

a) 472 – 99
638 – 99
545 – 99
857 – 98

b) 846 – 199
487 – 199
733 – 299
544 – 299

c) 672 – 19
765 – 29
357 – 39
582 – 69

245 288 318 373 434 446 513 539 558 647 653 736 759

3, **5**, **6** Starke Aufgaben: Gesetzmäßigkeit erkennen, Aufgabenfolge fortsetzen.

1

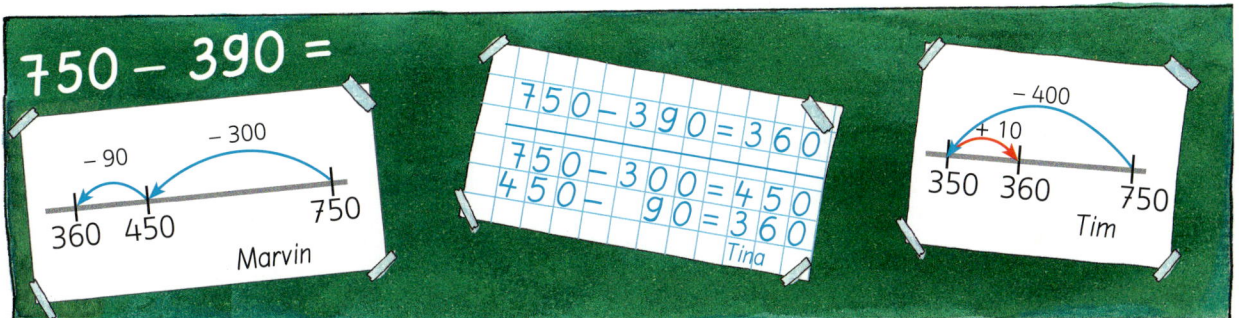

$750 - 390 =$

Marvin: -90, -300, 360, 450, 750

Tina: $750 - 390 = 360$ / $750 - 300 = 450$ / $450 - 90 = 360$

Tim: -400, $+10$, 350, 360, 750

2 Wie rechnest du?

a) $570 - 320$
$570 - 350$

b) $730 - 430$
$730 - 340$

c) $600 - 490$
$720 - 490$

d) $710 - 250$
$750 - 180$

e) $800 - 630$
$840 - 260$

110   170   220   230   250   300   310   390   460   570   580

3
a)
$830 - 380$
$730 - 380$
$630 - 380$

b)
$820 - 650$
$720 - 550$
$620 - 450$

c)
$720 - 690$
$720 - 590$
$720 - 490$

d)
$980 - 170$
$880 - 270$
$780 - 370$

e)
$540 - 490$
$640 - 480$
$740 - 470$

f) Schreibe die Regeln für die Aufgabenfolgen a) und c) auf.

4

$560 + 290 =$

Marie: $+200$, $+90$, 560, 760, 850

Kevin: $560 + 290 = 850$ / $560 + 200 = 760$ / $760 + 90 = 850$

Lisa: $+300$, -10, 560, 850, 860

5 Wie rechnest du?

a) $350 + 460$
$350 + 490$

b) $180 + 620$
$180 + 260$

c) $580 + 270$
$250 + 270$

d) $140 + 230$
$690 + 270$

e) $450 + 460$
$380 + 330$

370   440   520   670   710   800   810   840   850   910   960

6
a)
$240 + 360$
$340 + 360$
$440 + 360$

b)
$110 + 760$
$110 + 660$
$110 + 560$

c)
$568 + 102$
$558 + 202$
$548 + 302$

d)
$507 + 350$
$407 + 360$
$307 + 370$

e)
$440 + 199$
$440 + 299$
$440 + 399$

f) Schreibe die Regeln für die Aufgabenfolgen a) und b) auf.

7

a) $350 + 80 - 50$
$440 - 80 + 60$
$590 + 50 - 90$

b) $207 + 43 - 50$
$199 + 51 - 40$
$496 + 54 - 47$

c) $540 + 270 - 440$
$700 - 653 + 153$
$370 + 250 - 220$

d) $305 + 195 - 150$
$507 + 373 - 360$
$461 - 261 + 260$

8
a) Subtrahiere die Zahl 180 von 720.

b) Bilde die Differenz der Zahlen 930 und 470.

c) Bestimme die Summe der Zahlen 470 und 350.

3, 6 Starke Aufgaben: Gesetzmäßigkeit erkennen, Aufgabenfolge fortsetzen.

1
a) 325	b) 205	c) 673		
+ 452	+ 563	+ 206		
d) 584	e) 367	f) 408		
+ 253	+ 259	+ 194		
g) 565	h) 875	i) 73		
+ 48	+ 96	+ 288		

361   602   613   626   733

768   777   837   879   971

Schriftliches Addieren
Rechne Stelle für Stelle.
Beginne bei den Einern.
Denke an den Übertrag.

H	Z	E
4	1	9
+ 2	8	7
	1	1
7	0	6

3 Im Kopf oder schriftlich?
a) 635 + 200
b) 187 + 366
c) 367 + 299
d) 308 + 510
e) 458 + 326
f) 251 + 249

500   553   666   756   784   818   835

2 Rechne.
a) 658 + 282
b) 245 + 209
c) 239 + 368
d) 68 + 575
e) 753 + 97
f) 174 + 169 + 318
g) 81 + 118 + 138
Alle Ergebnisse haben
die Quersumme 13.

4 a) Addiere 186, 357 und 234.
b) Addiere das Doppelte von 243
   zu der Zahl 513.
c) Addiere die Hälfte von 260
   zu der Zahl 536.
d) Berechne die Summe
   von 263, 379 und 246.
Immer besondere Zahlen im Ergebnis.

5
a) 4 ■ 6	b) 2 0 ■	c) ■ 5 4	
+ 1 5 ■	+ ■ ■ 5	+ 6 3 ■	
■ 7 9	5 4 7	9 ■ 7	
d) 3 9 4	e) 6 6 ■	f) 3 ■ 8	
+ 5 ■ ■	+ 2 ■ 4	+ 5 1 9	
■ 6 4	■ 0 0	■ ■ 1	

6
a) 4,25 € + 2,55 €
b) 3,90 € + 2,65 €
c) 7,69 € + 1,95 €
d) 4,98 € + 2,99 €
e) 4,05 € + 4,99 €

Alle Ergebnisse ergeben
zusammen 40 €.

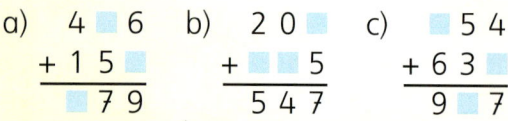

Schriftliches Subtrahieren.
Rechne Stelle für Stelle.
Beginne mit den Einern.

H	Z	E
6	0	4
− 2	7	8
3	2	6

1
a) 895
  − 234

b) 736
  − 504

c) 961
  − 354

d) 794
  − 216

e) 775
  − 179

f) 802
  − 366

g) 752
  − 78

h) 601
  − 93

232 436 447 508 578 596 607 661 674

2
Rechne.
a) 799 − 392
b) 878 − 588
c) 640 − 359
d) 900 − 178
e) 843 − 688
f) 568 − 98
g) 132 − 76

Alle Ergebnisse haben
die Quersumme 11.

3 Im Kopf oder schriftlich?
a) 370 − 230
b) 865 − 199
c) 732 − 586
d) 802 − 798
e) 367 − 85
f) 947 − 800

4 140 146 147 282 314 666

4
a) 4,50 € − 2,95 €
b) 9,00 € − 5,87 €
c) 7,40 € − 1,85 €
d) 5,25 € − 2,98 €
e) 6,45 € − 4,95 €
f) 8,87 € − 3,87 €

Alle Ergebnisse zusammen ergeben 19 Euro.

5
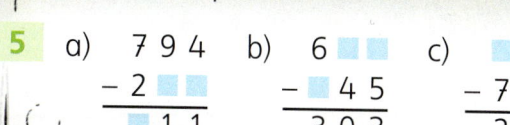
a) 7 9 4
  − 2 ▢ ▢
  ▢ ▢ 1 1

b) 6 ▢ ▢
  − ▢ 4 5
  3 0 3

c) ▢ 6 2
  − 7 4 ▢
  2 ▢ 0

d) 5 3 4
  − ▢ 2 ▢
  4 ▢ 2

e) 4 ▢ 1
  − ▢ 1 7
  1 9 ▢

f) 9 0 ▢
  − 6 ▢ 8
  ▢ 5 2

6
a) Subtrahiere von 508 die Zahl 264.
Von der Differenz subtrahiere dann
die Zahl 156.

b) Subtrahiere von der Zahl 718
die Summe von 287 und 365.

c) Subtrahiere von der Zahl 335
das Doppelte von 151.

d) Subtrahiere von der Zahl 205
die Hälfte von 300.

Immer besondere Zahlen im Ergebnis.

7 Drei Ergebnisse sind falsch.
Welche sind es? Rechne richtig.

A	B	C	D
832	610	355	729
− 597	− 288	+ 496	+ 23
345	478	851	959

1 a) Hier sind in der Hundertertafel
   die Zahlen der 7er-Reihe über 70
   hinaus mit Plättchen gelegt.
   Schreibe die Vielfachen von 7 bis 100 auf.
   Schreibe: Vielfache von 7: 7, 14, 21, …

   b) Schreibe die Vielfachen von 7 zwischen
   100 und 200 auf.
   Vielfache von 7: 105, 112, …

Das sind Vielfache von 7.

2 Nimm wieder die Zahlen von 1 bis 100. Schreibe auf wie in Aufgabe 1.

   a) Vielfache von 6,   b) Vielfache von 8,   c) Vielfache von 12.

   d) Welche Zahlen sind sowohl Vielfache von 6 als auch von 8?

   e) Welche Zahlen sind sowohl Vielfache von 8 als auch von 12?

   f) Vergleiche die Vielfachen von 6 mit den Vielfachen von 12. Was stimmt?

   ① Alle Vielfachen von 6 sind   ② Alle Vielfachen von 12 sind
      auch Vielfache von 12.   auch Vielfache von 6.

3 Nimm die Zahlen von 1 bis 500. Schreibe auf:

   a) Vielfache von 20,   b) Vielfache von 25,   c) Vielfache von 50.

   d) Welche Zahlen sind sowohl Vielfache von 20 als auch von 25?

   e) Vergleiche die Vielfachen von 25 mit den Vielfachen von 50 wie in Aufgabe 2f.

4 a) Zeichne diese Rechtecke mit genau 18 Kästchen in dein Heft. Schreibe zu jedem
   Rechteck zwei Multiplikationsaufgaben und zwei Divisionsaufgaben.

18

A   1 · 18   18 : 18
     18 · 1   18 : 1

B   2 · 9   18 : 9
     9 · 2   18 : 2

C   3

Alle Zahlen, durch die man 18 ohne Rest teilen kann, heißen Teiler von 18.

   b) Schreibe auf: Teiler von 18:   1, 18, 2,

5 Finde alle vier Rechtecke mit genau 24 Kästchen.
   Zeichne und schreibe wie Zahline in Aufgabe 4.

6 Schreibe alle Teiler der Zahl auf: a) 15   b) 36   c) 50   d) 42   e) 20   f) 16   g) 7

7 Es gibt Zahlen, die genau zwei Teiler haben, 1 und sich selbst.
   Diese Zahlen heißen Primzahlen. Die Zahl 7 ist eine Primzahl.

   a) Schreibe fünf weitere Primzahlen auf.

   b) Findest du noch mehr?

2 ist die kleinste Primzahl.

1
a) 8 · 36
7 · 53
6 · 47

a) 8 · 36 = 2 8 8
8 · 30 = 2 4 0
8 · 6 = 4 8

b) 4 · 65
5 · 84
3 · 92

c) 7 · 58
4 · 76
9 · 87

d) 8 · 44
7 · 34
3 · 93

e) 7 · 74
9 · 85
9 · 73

238   260   276   279   282   288   304   352   371   406   420   473   518   657   765   783

2
a) 3 · 306
7 · 109
2 · 408

b) 0 · 807
3 · 205
4 · 206

c) 2 · 307
8 · 108
3 · 204

d) 8 · 107
9 · 103
4 · 205

e) 7 · 106
3 · 305
0 · 906

0   0   612   614   615   712   742   763   816   820   824   856   864   915   918   927

3

3 · 100, dann
3 · 1 weniger.

a) 3 · 99
7 · 99
9 · 99

b) 4 · 49
6 · 69
7 · 29

c) 99 · 6
39 · 3
59 · 5

d) 4 · 98
5 · 18
3 · 48

90   117   144   196   203   295   297   392   414   466   594   693   891

4 Immer das Fünffache.

Immer
5 mal.

a) 80
70
50

b) 100
55
45

c) 39
67
94

d) 46
73
81

e) 106
35
59

f) Addiere die Ergebnisse in jedem Päckchen. Was fällt dir auf?

5
a) Berechne das Vierfache von jeder Zahl in Aufgabe 4.
b) Addiere die Ergebnisse in jedem Päckchen. Was fällt dir auf?

6
a) Verdopple die Zahl 36. Berechne das Fünffache von diesem Ergebnis.
b) Verdreifache die Zahl 15. Berechne das Achtfache von diesem Ergebnis.
c) Halbiere die Zahl 18. Multipliziere das Ergebnis mit dem Achtfachen von 5.

7

| Möhren Bund 85 ct  | Gurken Stück 1,40 €  | Blumenkohl Kopf 2,80 €  | Salat Kopf 79 ct  | Birnen Stück 70 ct | Äpfel Stück 49 ct  | Erdbeeren Schale 1,90 € |

Wie viel Euro kosten die Waren auf den Einkaufszetteln?

Schreibt selbst Einkaufszettel.

a)
3 Bund Möhren
2 Gurken

b)
2 Salate
5 Äpfel

c)
4 Gurken
5 Birnen

d)
2 Schalen Erdbeeren
7 Birnen

e)
2 Köpfe Blumenkohl
3 Salatköpfe

f)
3 Schalen Erdbeeren
6 Äpfel

8 Alle sechs Ergebnisse ergeben zusammen 27 Euro.

a) 3   6   9   ·   63 ct   87 ct

b) 4   6   8   ·   46 ct   1,04 €

1 Maxi macht 60er-Sprünge,
Mini 6er-Sprünge.
Wie viele Sprünge macht Maxi,
wie viele Mini?

0   60   120

a) 240 : 60   b) 360 : 60   c) 480 : 60   d) 540 : 60   e) 300 : 60
    240 : 6   360 : 6   480 : 6   540 : 6   300 : 6

2 Mini macht 6er-Sprünge. Sie springt bis 138. Wie viele Sprünge macht sie?

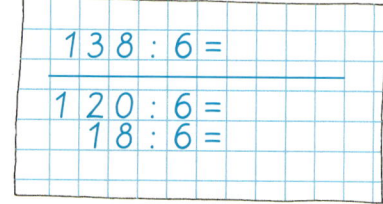

erst 20 Sprünge   dann noch 3 Sprünge

0   120   138

138 : 6 =
120 : 6 =
 18 : 6 =

3 Erst zur Maxi-Zahl, dann weiter.

a) 546 : 6   b) 198 : 6   c) 220 : 5   d) 212 : 4   e) 136 : 8
    270 : 6   108 : 6   140 : 5   284 : 4   448 : 8
    216 : 6   372 : 6   435 : 5   156 : 4   744 : 8

17   18   25   28   33   36   39   44   45   53   56   62   71   87   91   93

4 a) 324 : 6   b) 192 : 3   c) 252 : 3   d) 335 : 5   e) 380 : 5
    256 : 4   378 : 6   567 : 7   416 : 8   248 : 8
    164 : 2   297 : 9   288 : 9   385 : 7   272 : 4

31   32   33   49   52   54   55   63   64   64   67   68   76   81   82   84

5 a) Berechne den vierten Teil von: 100   200   300   400   500

b) Vergleiche die Ergebnisse. Was fällt dir auf?
Kannst du noch fünf Aufgaben rechnen?

Immer durch 4.

6 Immer ein Viertel von: 44   144   244   344   444

7 a) Berechne den achten Teil von: 200   400   600   800   1000

b) Berechne immer ein Achtel von: 120   320   520   720   920

8 a) Berechne den siebten Teil von 735 und vom Ergebnis den fünften Teil.

b) Berechne den vierten Teil von 252 und vom Ergebnis den dritten Teil.

c) Dividiere 189 durch den sechsten Teil von 54.

9 Wie heißt die Zahl?

Löse mit der Umkehr- aufgabe.

a) *Wenn du die Zahl mit 7 multiplizierst und dann vom Produkt den vierten Teil berechnest, erhältst du 70.*

a)   · 7   : 4
□ → □ → 70
   : 7   · 4

b) *Wenn du die Zahl durch 7 dividierst und vom Ergebnis das Sechsfache berechnest, erhältst du 420.*

c) *Wenn du das Fünffache der Zahl durch 3 dividierst und dann noch 22 addierst, erhältst du 132.*

d) *Wenn du zum Vierfachen der Zahl 25 addierst und von der Summe den dritten Teil berechnest, erhältst du 31.*

17   40   66   203   490

1 Die Äpfel werden an die Kinder gerecht verteilt.

a)

b)

2 10 14 20 24 25 27 33 35 41 55 90 100

a) Ich dividiere alle Zahlen durch 3.

Rest 2   Rest 1   Rest 0   10 : 3 = 3 R 1

In jedem Reste-Korb sind gleich viele Zettel.

b) Ich dividiere alle Zahlen durch 4.

Welche Reste-Körbe braucht Zahline?
In jedem Reste-Korb sind gleich viele Zettel.

c) Dividiere alle Zahlen durch 6. Welche Reste-Körbe brauchst du?
In jedem Reste-Korb sind gleich viele Zettel.

3 10 18 27 34 45 52 61 86 99 103

Welche Reste-Körbe brauchst du? In jedem Reste-Korb sind gleich viele Zettel.

a) Dividiere durch 2.　　　　b) Dividiere durch 10.　　　c) Dividiere durch 5.

d) Kannst du schon vor dem Ausrechnen sagen, in welchen Restekorb das Ergebnis kommt?

4 23 25 38 55 67 84 99 140 303 310

a) Dividiere jede Zahl durch 9, dann dividiere ihre Quersumme durch 9.

b) Vergleiche bei beiden Ergebnissen die Reste. Was fällt dir auf?

23　　Quersumme 5

$23 : 9 = 2 \, R5$　　$5 : 9 = 0 \, R5$

5 Besondere Ergebnisse.

a) 297 : 9　　b) 396 : 9　　c) 495 : 9　　d) 594 : 9　　e) 693 : 9　　f) 792 : 9
　 300 : 9　　　 400 : 9　　　 500 : 9　　　 600 : 9　　　 700 : 9　　　 800 : 9

6 a) Beim Dividieren durch 9 soll immer der Rest 3 bleiben. Finde vier Zahlen.

b) Beim Dividieren durch 9 soll immer der Rest 7 bleiben. Finde vier Zahlen.

c) Beim Dividieren durch 9 soll immer der Rest 8 bleiben. Finde vier Zahlen.

1

Freilichtmuseum

Preise für Jahreskarten

Erwachsene: 17,50 €

Kinder: 9,50 €

Gestern öffnete das Freilichtmuseum nach den Umbauarbeiten zum ersten Mal seine Tore. Viele Besucher nutzten das schöne Wetter für einen Museumsbesuch. Bis zum Abend konnten bereits 42 Jahreskarten für Erwachsene und 63 Jahreskarten für Kinder verkauft werden. „Damit sind wir sehr zufrieden."

Wie viel Geld hat das Freilichtmuseum durch den Verkauf der Jahreskarten eingenommen

a) für die Erwachsenen,   b) für die Kinder,   c) zusammen?

a)

Anzahl	1	2	
Preis	17,50 €	35,00 €	

Rechentabelle

Eine Rechentabelle hilft.

Lösung finden

· Skizze

· **Tabelle**

· Rechnung

2   Eine Rechentabelle kann dir beim Lösen helfen.

a) Die Grundschule Nord bestellt als Klassensatz 30 Bücher „Abenteuer in der Vergangenheit". Ein Buch kostet 8,25 €.

b) Am Sportplatz werden 16 neue Parkplätze nebeneinander gebaut. Ein Parkplatz ist 2,75 m breit.

c) Am Kindergeburtstag bekommen alle sieben Kinder Spaghetti und eine Apfelschorle. Eine Portion Spaghetti kostet 3,50 €, eine Apfelschorle 1,65 €.

3   Gleiche Rechnung, unterschiedliche Antworten.

a) In der Klasse 4a sind 21 Kinder. Gemeinsam mit der Klassenlehrerin Frau Meier möchten sie Tretboote leihen. Auf ein Tretboot passen vier Personen. Wie viele Tretboote müssen sie leihen?

a)

F: Wie viele Tretboote müssen sie leihen?

L: 22 : 4 = 5 R 2

A:

Lösung finden

· Skizze

· Tabelle

· **Rechnung**

b) Für ein Spiel braucht jedes Kind vier Luftballons. 22 Luftballons sind noch da. Für wie viele Kinder reichen die Luftballons?

c) Jasna, Lilli, Ole und Leander haben auf dem Flohmarkt 22 € eingenommen. Jeder soll gleich viel Geld bekommen. Wie viel Geld bekommt jeder?

4   Aufgepasst: Wie heißt die Antwort?

a) In der Klasse 4b sind 26 Kinder. Im Sportunterricht sollen die Kinder Sechser-Mannschaften bilden.
   Wie viele Mannschaften können die Kinder bilden?

b) Beim Schulfest der Grundschule West wurden 340 € eingenommen.
   Das Geld soll gerecht an die acht Klassen für die Klassenkassen verteilt werden.
   Wie viel Geld bekommt jede Klasse?

c) In der Klasse 4c sind 27 Kinder. Zum Klassenausflug werden die Kinder von einigen Eltern mit Autos gefahren. In jedes Auto passen vier Kinder.
   Wie viele Autos werden benötigt?

1 Herr und Frau Preller besuchen mit ihren vier Kindern das Naturkundemuseum. Für den Eintritt bezahlen sie zusammen 30 €. Herr und Frau Schäfer gehen mit ihrem Kind in das gleiche Museum. Sie bezahlen zusammen 18 € Eintritt. Wie viel Euro kostet der Eintritt für einen Erwachsenen, wie viel für ein Kind?

Lösung finden

· Skizze
· Tabelle

· Rechnung

Familie Preller			30 €
Familie Schäfer			18 €
Unterschied			€

2 Freitags gibt es besonders günstige Eintrittspreise. Herr und Frau Müller bezahlen dann für sich und ihre drei Kinder zusammen 16 € Eintritt. Herr und Frau Martens gehen am selben Tag mit ihren beiden Töchtern in das Museum und bezahlen zusammen 14 €. Wie viel Euro kostet der Eintritt für einen Erwachsenen, wie viel für ein Kind? Eine Skizze kann dir beim Lösen helfen.

3 Eine Skizze kann dir beim Lösen helfen.

a) Herr und Frau Erhard fahren mit ihren drei Kindern mit der Seilbahn auf den Sonnenberg. Sie zahlen dafür 31 €. Herr Ries bezahlt mit seinen drei Kindern für die Fahrt mit der Seilbahn 23 €. Wie viel kostet die Fahrt für einen Erwachsenen, wie viel für ein Kind?

b) Frau Ross kauft im Gartencenter einen Gartentisch und zwei Stühle. Sie bezahlt dafür 280 €. Herr Klose kauft den gleichen Tisch mit vier Stühlen. Er zahlt zusammen 370 €. Wie viel kostet der Tisch, wie viel ein Stuhl?

F

4 **Fermi-Aufgabe**

Leseratte
Ein Buch ist 1,5 cm dick. Könntest du es schaffen, dieses Buch in zwei Tagen ohne Pause durchzulesen?

Du musst dir Informationen besorgen.

Tipp
Überlege, wie viele Seiten so ein Buch hat.

Tipp
Überlege, wie lange du für eine Seite brauchst.

Tipp
Überlege, wie viele Stunden zwei Tage haben.

4 Fermi-Aufgabe: Offene Sachsituation. Kinder sammeln Daten, gehen eigene Lösungswege und können zu individuellen Ergebnissen kommen.

1

ZT	T	H	Z	E
⦁⦁ ⦁⦁	⦁ ⦁		⦁	⦁ ⦁⦁⦁
4	**2**	**0**	**1**	**4**

a) zweiundvierzigtausendvierzehn

b) `4 0 0 0 0 + 2 0 0 0 + 1 0 + 4`

c) `4 ZT + 2 T + 1 Z + 4 E`

2 a)
`4 0 0 0 0 + 2 0 1 4`
`4 2 0 0 0 +      1 4`
`4 2 0 1 0 +       4`

Alles 42014

Das Doppelte von 21 007. Die Hälfte von 84 028.

3 In der Nähe von 42 014.

a)

Marathonlauf
42 195 m
42 km 195 m

b)

Erdumfang
40 075 km

c)

Weserstadion Bremen
Zuschauer: 42 100

d)

Leonberg

Einwohner: 44 455

e)

Vorgänger	Zahl	Nachfolger
42 013	42 014	42 015

f)

Nachbartausender	Zahl	Nachbartausender
42 000	42 014	43 000

g) Finde selbst Zahlen in der Nähe von 42 014.

```
0        10 000      20 000      30 000      40 000      50 000
```

4 Erstelle mit deinem Partner ein Plakat zur Zahl 30 992.

1 a) Zeige mit zwei Blättern so viele Punkte. Dein Partner kontrolliert.

500   120   1900   1500   2000   1050   1250   1550   1750

b) Einer nennt eine Zahl, der andere zeigt sie.

2 Lies deinem Partner die Aufgabe vor. Er schreibt die Ergebniszahl auf.
Nach jedem Päckchen wird gewechselt.

a) 1000 + 300 + 40 + 5   b) 1000 + 500 + 8   c) 1 T + 7 H + 4 Z   d) 6 H + 3 Z + 8 E
   1000 + 200 + 70 + 6   1000 + 60 + 4   1 T + 7 Z + 4 E   1 T + 3 H
   2000 + 200 + 20 + 2   800 + 80 + 8   1 T + 7 H + 4 E   2 T + 4 Z

3

a) 15 H   b) 19 H   c) 25 H    10 H = 1 T
   17 H   21 H   18 H
   24 H   12 H   52 Z

4 Wie rechnest du?

| 800 + 600 |

Lea   Merle

a) 800 + 600   b) 1300 − 600
   600 + 700   1400 − 800
   600 + 500   1100 − 300
   700 + 800   1700 − 900
   800 + 400   1500 − 600
   900 + 700   1200 − 400

5 a) 700 + 700   b) 900 + 400   c) 600 + 500   d) 400 + 800   e) 800 + 700
      730 + 700   960 + 400   680 + 500   400 + 850   800 + 790
      732 + 700   963 + 400   689 + 500   400 + 856   800 + 798

6 a) 1600 − 300   b) 1700 − 500   c) 1300 − 200   d) 1500 − 700   e) 1100 − 600
      1600 − 30   1700 − 50   1300 − 20   1500 − 70   1100 − 60
      1600 −   3   1700 −   5   1300 −   2   1500 −   7   1100 −   6

7 Rechnen rund um die 1000.

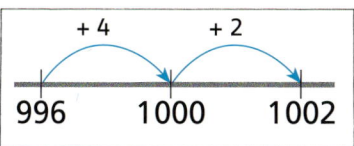

a) 996 + 6   b) 1005 − 8   c) 1011 − 12
   998 + 8   1003 − 9   1015 − 18
   991 + 10   1007 − 10   1020 − 25
   995 + 11   1010 − 15   1021 − 23

8 Erst bis 1000 und dann weiter.

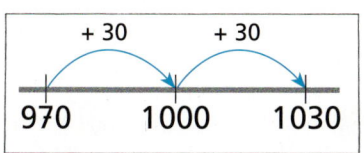

a) 970 + 60   b) 990 + 40   c) 1020 − 40
   970 + 40   960 + 50   1070 − 90
   930 + 90   950 + 90   1030 − 60
   980 + 70   940 + 70   1010 − 80

1 Zeige: 3 500 9 800 4 300 6 001 9 001 5 010 8 010

2 Trage in die Stellenwerttafel ein.
Kreise die größte Zahl braun ein.
Kreise die kleinste Zahl gelb ein.

a) 7 T + 3 H + 6 Z + 4 E
4 T + 3 H + 2 Z + 5 E
9 T + 5 Z + 3 E

a)
T	H	Z	E
7	3	6	4

b) 4 T + 2 H + 3 Z + 4 E
5 T + 7 H + 9 Z + 8 E
3 T + 8 H + 2 E

c) 4 T + 6 Z + 2 E
3 T + 4 H + 3 Z
4 T + 3 H + 1 E

d) 4 H + 2 Z + 2 E
4 T + 3 Z + 2 E
2 T + 4 H + 3 E

3 Welche Zahlen sind es?

a) 7 T + 4 H = 7 4 0 0

a) 7 T + 4 H
3 T + 6 H

b) 9 H + 2 Z
3 H + 7 Z

c) 7 T + 7 H
7 H + 7 Z

4 Lies deinem Partner die Aufgabe vor.
Er schreibt das Ergebnis in die Stellenwerttafel und nennt die Zahl.
Nach jedem Päckchen wird gewechselt.

a)
T	H	Z	E
3	7	4	6

a) 3 000 + 700 + 40 + 6
5 000 + 400 + 60 + 5

b) 4 000 + 600 + 40 + 4
8 000 + 700 + 30 + 2

c) 2 000 + 900 + 90
4 000 + 400 + 10

5 Trage in die Stellenwerttafel ein.

5 107 3 170 8 927 9 714 6 047 4 003 374

6 Welche Zahlen sind es? a) 1 3 H = 1 T + 3 H = 1 3 0 0

a) 13 H
24 H

b) 20 H
85 H

c) 20 Z
37 Z

d) 48 Z
76 Z

e) 45 H
45 Z

f) 96 H
96 E

7 Aufgepasst!

a) 2 H + 16 Z
3 H + 25 Z

b) 2 T + 18 H
6 T + 21 H

c) 5 T + 17 Z
8 T + 31 Z

d) 9 H + 15 Z
7 H + 43 Z

e) 8 T + 20 H
6 T + 45 H

1 Zeige die Zahlen am Zahlenstrahl. Dein Partner kontrolliert.

a) 1 500   b) 2 600   c) 3 100   d) 4 000   e) 5 700   f) 6 300

2 Bei welchen Zahlen stehen die Ballons?
Wie heißen die Nachbartausender?
Schreibe wie im Beispiel.

A	1 200 + 800 = 2 000
	1 200 − 200 = 1 000

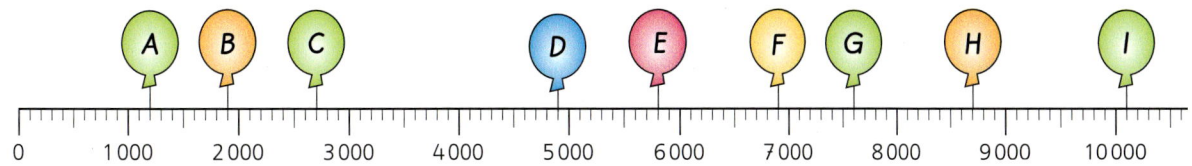

3 Wie heißen die Nachbarhunderter? Schreibe wie in Aufgabe 2.

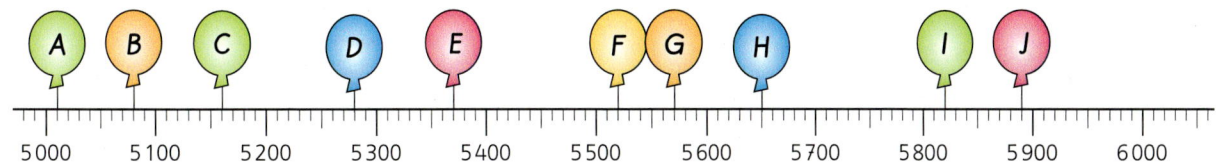

4 Bei welchen Zahlen stehen die Ballons? Wie heißen die Nachbarzehner?

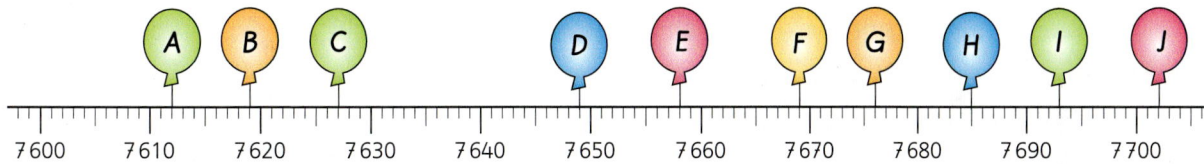

5 Lies die Zahl deinem Nachbarn vor.
Er schreibt sie auf und gibt auch
den Vorgänger und den Nachfolger an.
Wechselt nach jedem Päckchen.

Vorgänger	Zahl	Nachfolger
3 099	3 100	3 101

a)   3 100   b) 4 099   c) 5 000   d) 7 010   e) 9 990   f) 2 101
   10 000   3 999   9 099   8 009   2 999   3 210
    5 900   6 000   999   3 050   7 075   5 151

6 Setze die Zahlenfolgen fort und schreibe die Regeln auf.

a) 1 200, 1 400, 1 600, ..., 3 000   b) 4 000, 3 500, 3 000, ...,   0

c) 5 600, 5 900, 6 200, ..., 8 000   d) 9 600, 9 400, 9 200, ..., 7 800

e) 6 100, 6 600, 7 100, ..., 10 100   f) 8 400, 8 100, 7 800, ..., 6 000

7 Wie heißt die Zahl?

a) Sie ist um 1 000 größer als 9 370.	b) Sie liegt in der Mitte zwischen 8 000 und 1 000.	c) Sie ist um 2 500 kleiner als 7 000.	d) Sie liegt in der Mitte zwischen 1 500 und 6 500.

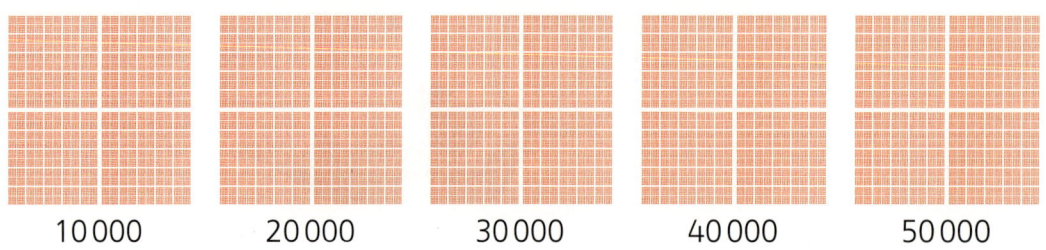

| 10 000 | 20 000 | 30 000 | 40 000 | 50 000 |

1 Zeige mit zwei Blättern so viele Punkte, dein Partner kontrolliert.

9 000   19 000   81 000   67 000   99 900

2 Zeige mit einem spitzen Bleistift, wo diese Zahlen ungefähr sind.

15 500   15 501   15 510   48 001   48 010   48 100   48 499   99 009   99 999

3 Zahlix hat die Stellenwerttafel erweitert. Trage die Zahlen ein.
Kreise die größte Zahl braun ein. Kreise die kleinste Zahl gelb ein.

a)
ZT	T	H	Z	E
2	1	5	2	3

a) 2 ZT + 1 T + 5 H + 2 Z + 3 E
5 ZT + 3 T + 8 H + 1 Z + 9 E
9 ZT + 8 T + 6 H + 4 Z + 2 E

b) 4 ZT + 2 H + 3 Z + 4 E
5 ZT + 7 T + 9 H + 8 Z
2 ZT + 3 T + 8 H + 2 E

c) 8 T + 4 H + 2 Z + 3 E
2 ZT + 3 T + 4 H + 2 E
3 ZT + 2 H + 3 Z + 4 E

4 Welche Zahlen sind es?

a)
| 1 | 8 | T | = | 1 | 8 | 0 | 0 | 0 |

a) 18 T   b) 49 T   c) 33 T   d) 25 T
44 T   94 T   15 T   76 T

5 Lies deinem Partner die Aufgaben vor. Er schreibt das Ergebnis
in die Stellenwerttafel und nennt die Zahl.
Nach einem Päckchen wird gewechselt.

a)
ZT	T	H	Z	E
2	4	3	8	7

a) 20 000 + 4 000 + 300 + 80 + 7
70 000 + 8 000 + 500 + 90 + 9
40 000 +   500 +   30 + 8

b) 80 000 + 4 000 + 300 + 20 + 8
40 000 + 7 000 + 500 + 30 + 9
60 000 +   500 + 90 + 7

6 Welche Zahlen sind es? Trage sie in die Stellenwerttafel ein.

a) 9 000 + 40 + 300 + 1
700 + 50 000 + 2 + 80

b) 200 + 30 000 + 50 + 2 000
6 000 + 40 000 + 7 + 100

c) 40 000 + 30 + 7 000
5 + 9 000 + 30 000 + 40

7 a) Trage die Zahlen in die Stellenwerttafel ein.

86 293   3 180   50 149   39 037   5 897   80 012   7 013   70 024   9 817

b) Kreise die fünfstelligen Zahlen ein.

8 Lies das Zahlenwort deinem Partner vor. Er schreibt die Zahl
und kreist die fünfstelligen Zahlen ein.

a) zwölftausend
dreißigtausend
einhunderttausend
dreitausendfünfhundert

b) fünftausendzehn
dreiundneunzigtausendzweihundert
sechzigtausendelf
vierundvierzigtausendfünfhundertacht

9 Schreibe als Zahlwort.

a) 8 000   b) 30 001   c) 40 900   d) 55 700   e) 25 025   f) 90 909

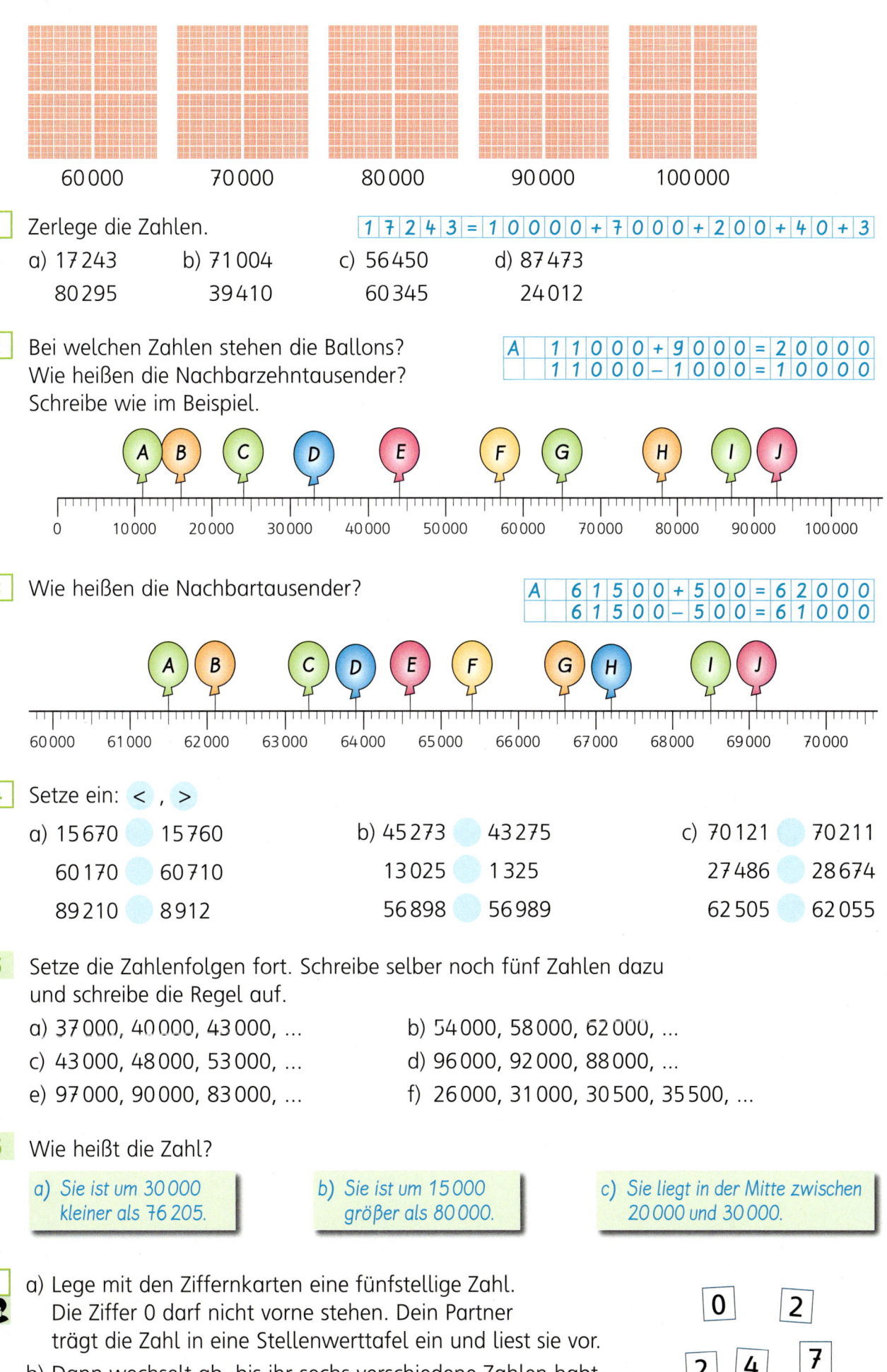

60 000   70 000   80 000   90 000   100 000

1 Zerlege die Zahlen.

$1\ 7\ 2\ 4\ 3 = 1\ 0\ 0\ 0\ 0 + 7\ 0\ 0\ 0 + 2\ 0\ 0 + 4\ 0 + 3$

a) 17 243   b) 71 004   c) 56 450   d) 87 473

80 295   39 410   60 345   24 012

2 Bei welchen Zahlen stehen die Ballons?
Wie heißen die Nachbarzehntausender?
Schreibe wie im Beispiel.

$A \quad 1\ 1\ 0\ 0\ 0 + 9\ 0\ 0\ 0 = 2\ 0\ 0\ 0\ 0$
$ \quad 1\ 1\ 0\ 0\ 0 - 1\ 0\ 0\ 0 = 1\ 0\ 0\ 0\ 0$

A B C D E F G H I J

0   10 000   20 000   30 000   40 000   50 000   60 000   70 000   80 000   90 000   100 000

3 Wie heißen die Nachbartausender?

$A \quad 6\ 1\ 5\ 0\ 0 + 5\ 0\ 0 = 6\ 2\ 0\ 0\ 0$
$ \quad 6\ 1\ 5\ 0\ 0 - 5\ 0\ 0 = 6\ 1\ 0\ 0\ 0$

A B C D E F G H I J

60 000   61 000   62 000   63 000   64 000   65 000   66 000   67 000   68 000   69 000   70 000

4 Setze ein: < , >

a) 15 670 ⬤ 15 760   b) 45 273 ⬤ 43 275   c) 70 121 ⬤ 70 211

60 170 ⬤ 60 710   13 025 ⬤ 1 325   27 486 ⬤ 28 674

89 210 ⬤ 8 912   56 898 ⬤ 56 989   62 505 ⬤ 62 055

5 Setze die Zahlenfolgen fort. Schreibe selber noch fünf Zahlen dazu
und schreibe die Regel auf.

a) 37 000, 40 000, 43 000, ...   b) 54 000, 58 000, 62 000, ...

c) 43 000, 48 000, 53 000, ...   d) 96 000, 92 000, 88 000, ...

e) 97 000, 90 000, 83 000, ...   f) 26 000, 31 000, 30 500, 35 500, ...

6 Wie heißt die Zahl?

a) *Sie ist um 30 000 kleiner als 76 205.*

b) *Sie ist um 15 000 größer als 80 000.*

c) *Sie liegt in der Mitte zwischen 20 000 und 30 000.*

7 a) Lege mit den Ziffernkarten eine fünfstellige Zahl.
Die Ziffer 0 darf nicht vorne stehen. Dein Partner
trägt die Zahl in eine Stellenwerttafel ein und liest sie vor.

b) Dann wechselt ab, bis ihr sechs verschiedene Zahlen habt.
Kreist die größte Zahl braun und die kleinste gelb ein.

0   2
2   4   7

1 Legt die Zahl mit Plättchen in die Stellenwerttafel.
Deine Nachbarin spricht die Zahl wie Zahline.
Wechselt euch ab.

vierundzwanzigtausend-
dreihundertzwei

a) 24 302   b) 13 214   c) 21 300
d) 50 420   e) 30 004   f) 12 021

2 a) Lege zehn verschiedene Zahlen mit drei Plättchen in die Stellenwerttafel.
Schreibe die Zahlen auf.

b) Wie heißt die größte Zahl, die du legen kannst? Wie heißt die kleinste Zahl?

c) Alle Zahlen haben die Quersumme ▦.

3 a) Lege zehn verschiedene Zahlen mit vier Plättchen in die Stellenwerttafel.
Schreibe die Zahlen auf.

b) Wie heißt die größte Zahl, die du legen kannst? Wie heißt die kleinste Zahl?

c) Alle Zahlen haben die Quersumme ▦.

4 Lege je drei Zahlen mit der Quersumme 6 und schreibe sie auf.
Die Zahlen sind a) vierstellig,   b) fünfstellig,   c) dreistellig.

5

ZT	T	H	Z	E

Schreibe auf: Wie ändert sich die Zahl, wenn du ein Plättchen
a) bei den Zehntausendern dazulegst,

a) 3 2 1 2 4 + 1 0 0 0 0 = ☐☐☐☐☐

b) bei den Tausendern dazulegst?

6

ZT	T	H	Z	E

Schreibe auf: Wie ändert sich die Zahl, wenn du zwei Plättchen
a) bei den Hundertern dazulegst,
b) bei den Zehntausendern dazulegst,
c) bei den Einern dazulegst?

7

ZT	T	H	Z	E

Schreibe auf: Wie ändert sich die Zahl, wenn du ein Plättchen
a) bei den Zehntausendern wegnimmst,
b) bei den Tausendern und bei den Zehnern wegnimmst,
c) bei den Einern und bei den Zehnern wegnimmst?

8

ZT	T	H	Z	E

Schreibe auf: Wie ändert sich die Zahl,
wenn du ein Plättchen
a) von den Hundertern wegnimmst und
bei den Zehnern dazulegst,

b) von den Tausendern wegnimmst und bei den Hundertern dazulegst,
c) von den Tausendern wegnimmst und bei den Zehntausendern dazulegst,
d) von den Einern wegnimmst und bei den Tausendern dazulegst?

1 Mit Tausendern rechnen ist einfach. Wie rechnest du?

$16\,T - 9\,T = 7\,T$
$16\,000 - 9\,000 = 7\,000$

Erst minus 6 000, dann minus 3 000.

$16\,000 - 10\,000 = 6\,000$ dann plus 1 000.

$16\,000 - 9\,000$

a) $16\,000 - 9\,000$
   $14\,000 - 7\,000$
   $31\,000 - 4\,000$

b) $17\,000 - 9\,000$
   $11\,000 - 8\,000$
   $43\,000 - 4\,000$

c) $22\,000 - 4\,000$
   $45\,000 - 8\,000$
   $86\,000 - 9\,000$

d) $83\,000 - 9\,000$
   $91\,000 - 2\,000$
   $75\,000 - 8\,000$

2 a) $99\,999 - 50\,000$
   $99\,999 - 5\,000$
   $99\,999 - 500$
   $99\,999 - 50$
   $99\,999 - 5$

$50\,000 = 5\,ZT$

Denke an die Stellenwerttafel!

b) $44\,444 - 40\,000$
   $44\,444 - 4\,000$
   $44\,444 - 400$
   $44\,444 - 40$
   $44\,444 - 4$

3 Denke an die Stellenwerttafel.

a) $87\,654 - 300$
   $8\,765 - 300$
   $876 - 300$

b) $64\,703 - 400$
   $6\,470 - 400$
   $647 - 400$

c) $28\,980 - 80$
   $2\,898 - 80$
   $289 - 80$

d) $76\,860 - 60$
   $7\,686 - 60$
   $768 - 60$

4 a) $16\,000 + 8\,000$
   $37\,000 + 5\,000$
   $23\,000 + 9\,000$

b) $24\,000 + 7\,000$
   $79\,000 + 4\,000$
   $49\,000 + 9\,000$

c) $25\,000 + 9\,000$
   $87\,000 + 7\,000$
   $67\,000 + 8\,000$

d) $47\,000 + 5\,000$
   $56\,000 + 6\,000$
   $87\,000 + 7\,000$

5 Auch hier hilft die Stellenwerttafel.

a) $5\,000 + 1\,000$
   $5\,000 + 100$
   $5\,000 + 10$
   $5\,000 + 1$

b) $6\,000 + 2\,000$
   $6\,000 + 200$
   $6\,000 + 20$
   $6\,000 + 2$

c) $4\,444 + 3\,000$
   $4\,444 + 300$
   $4\,444 + 30$
   $4\,444 + 3$

d) $54\,321 + 4\,000$
   $54\,321 + 400$
   $54\,321 + 40$
   $54\,321 + 4$

6 a) 30 | 300 | 3 000 ⊕ 7 000 | 70 000

   b) 40 | 400 | 4 000 ⊕ 1 600 | 16 000

7 Mit dem Zahlenblick sind auch diese Aufgaben nicht schwer.

a) $76\,543 + \blacksquare = 80\,543$
   $76\,543 + \blacksquare = 76\,643$
   $76\,543 + \blacksquare = 76\,550$

b) $27\,250 + \blacksquare = 29\,250$
   $27\,250 + \blacksquare = 27\,750$
   $27\,250 + \blacksquare = 27\,300$

c) $46\,780 + \blacksquare = 49\,780$
   $49\,280 + \blacksquare = 49\,780$
   $49\,773 + \blacksquare = 49\,780$

8 a) Berechne die Summe aus 46 000 und 9 000. Addiere dann 600.

b) Berechne die Differenz von 63 000 und 8 000. Subtrahiere dann 6 000.

c) Berechne die Differenz von 456 300 und 4 000. Addiere dann 5 000.

1

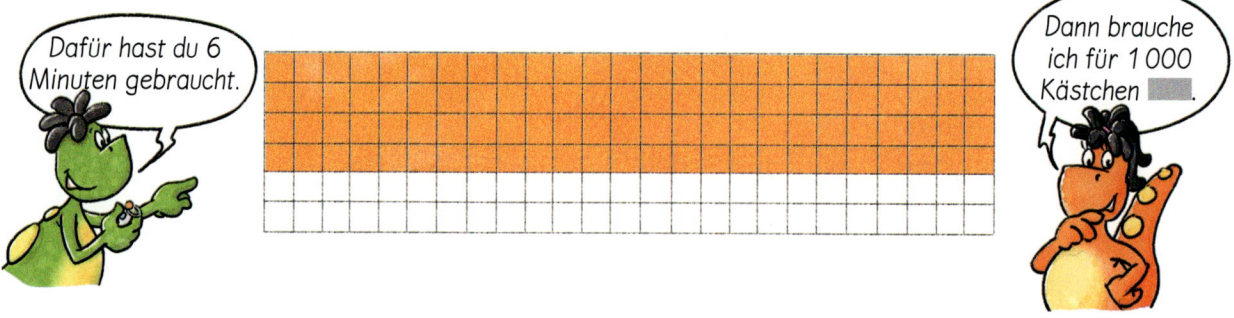

Bilde eine Kette aus 10 Büroklammern. Miss die Länge der Kette.
Knüpfe deine Kette mit den Ketten anderer Kinder zusammen. Miss und rechne.

Klammern	10	100	1 000	10 000	100 000	1 000 000
Länge						

2 Eine Million Rechenkästchen ausmalen. Wie lange würde Zahline dafür brauchen?
Löse mit einer Rechentabelle.

Dafür hast du 6 Minuten gebraucht.

Dann brauche ich für 1 000 Kästchen ▨.

3 a) Wie viele der kleinen roten Würfel passen in die anderen Körper?

F

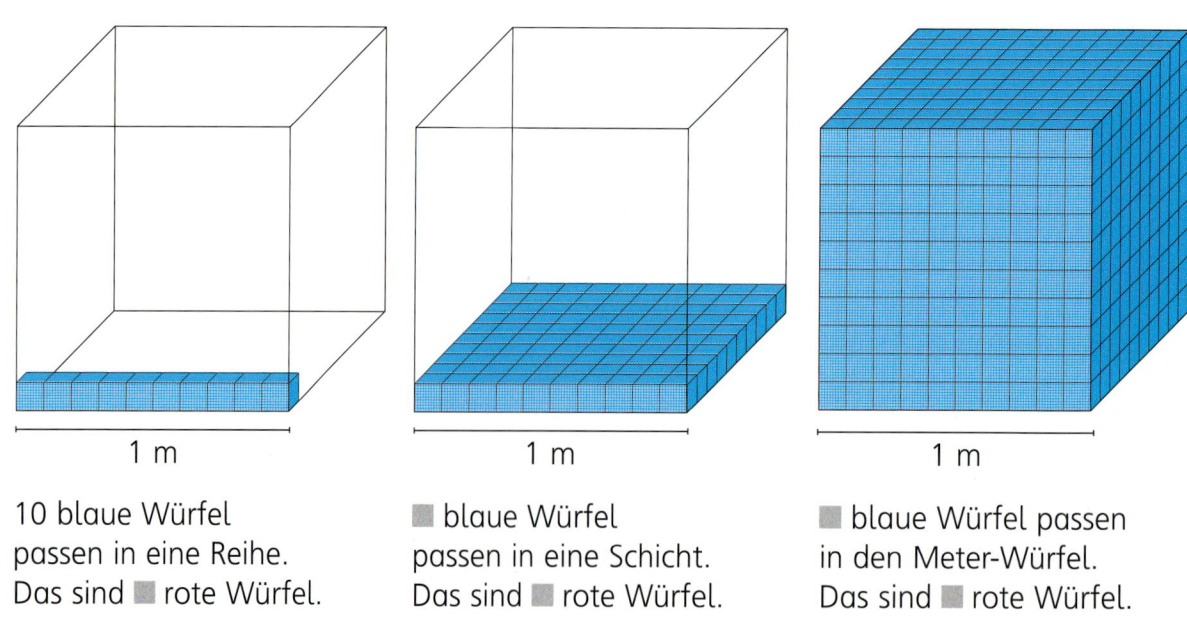

10 cm

b) Jetzt wird ein Meter-Würfel mit blauen Würfeln gefüllt. Jede Kantenlänge ist 1 m.
Vervollständige die Texte.

1 m   1 m   1 m

10 blaue Würfel
passen in eine Reihe.
Das sind ▨ rote Würfel.

▨ blaue Würfel
passen in eine Schicht.
Das sind ▨ rote Würfel.

▨ blaue Würfel passen
in den Meter-Würfel.
Das sind ▨ rote Würfel.

1 Million = 1 000 000

1 Trage in die Stellenwerttafel ein.
Kreise die größte Zahl braun ein.
Kreise die kleinste Zahl gelb ein.

a) 9 HT + 7 ZT + 5 T + 8 H + 3 E
   1 HT + 9 ZT + 6 H + 5 Z + 9 E
   2 HT + 6 ZT + 4 T + 3 Z + 2 E

a)
M	HT	ZT	T	H	Z	E
	9	7	5	8	0	3

b) 6 HT + 1 T + 5 H + 6 Z
   8 ZT + 3 T + 4 Z + 1 E
   5 ZT + 3 H + 3 Z + 4 E

c) 1 ZT + 7 T + 8 H + 5 E
   7 HT + 5 ZT + 3 Z + 2 E
   5 HT + 7 T + 5 H + 3 E

d) 1 M + 3 T + 4 H + 9 Z
   1 M + 2 HT + 5 T
   1 M + 4 HT + 7 T + 7 H

2 Welche Zahlen sind es?   a) 1 7 ZT = 1 HT + 7 ZT = 1 7 0 0 0 0

a) 17 ZT b) 45 ZT c) 14 T d) 10 T e) 67 T f) 73 ZT g) 60 T
   34 ZT   60 ZT   37 T   10 HT   56 ZT   73 H   60 H

3 Rechnen mit großen Zahlen.

a) 400 000 + 300 000
   250 000 + 200 000
   600 000 + 100 000

b) 300 000 + 500 000
   700 000 + 300 000
   200 000 + 600 000

c) 450 000 + 400 000
   250 000 + 250 000
   350 000 + 350 000

4 a) (300 000 | 30 000) + (700 000 | 7 000)
   b) (85 000 | 8 500) + (150 000 | 15 000)

5 a) 700 000 – 200 000
   900 000 – 500 000
   600 000 – 300 000
   800 000 – 200 000

b) 800 000 – 300 000
   750 000 – 200 000
   850 000 – 400 000
   450 000 – 300 000

c) 1 000 000 – 100 000
   1 000 000 – 400 000
   1 000 000 – 600 000
   1 000 000 – 900 000

6 Das Millionen-Haus.
Findest du zehn Aufgaben?

1 000 000
2 · 500 000
700 000 + 300 000

7 Das Ergebnis soll 1 Million sein.

a)   10 · ■
    100 · ■
   1000 · ■

b)   5 · ■
     50 · ■

8 Kannst du diese Zahlen schreiben?

eine halbe Million

eine viertel Million

eineinhalb Millionen

F

9 Was ist schwerer, alle Kinder deiner Klasse zusammen oder eine Million Büroklammern?

Tipp 1
Überlegt, wie schwer ein Kind eurer Klasse ungefähr ist.

Tipp 2
Überlegt, wie ihr das Gewicht von Büroklammern bestimmen könnt.

9 Fermi-Aufgabe: Offene Sachsituation. Kinder sammeln Daten, gehen eigene Lösungswege und können zu individuellen Ergebnissen kommen.

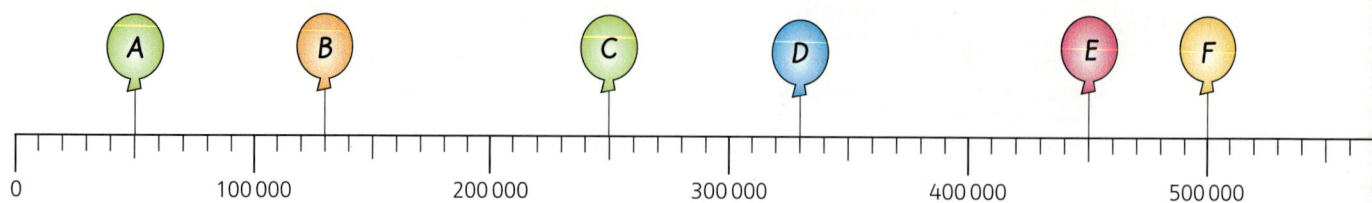

0   100 000   200 000   300 000   400 000   500 000

1 Wo stehen die Ballons? Schreibe auf: A = 50 000   B = ▨

2 Wie weit ist es von den Ballons bis 1 000 000? Zeige am Zahlenstrahl.
Schreibe auf: A) 50 000 + ▨ = 1 000 000

3 Welche Zahl liegt genau in der Mitte? Sieh am Zahlenstrahl nach und schreibe auf:

a) Zwischen A und C,   b) zwischen B und D,   c) zwischen A und H.
d) Zwischen A und B,   e) zwischen B und C,   f) zwischen C und D.
g) Zwischen F und G,   h) zwischen F und I,   i) zwischen H und J.

4 Zeige die Zahlen am Zahlenstrahl.

a) 150 000   b) 300 000   c) 450 000   d) 650 000   e) 870 000   f) 1 000 000
g) fünfhunderttausend   h) dreihundertfünfzigtausend   i) siebenhunderttausend
j) achthunderttausend   k) siebenhundertfünfzigtausend   l) neunhunderttausend

5 Wähle zwei Zahlen aus und vergleiche.

a)
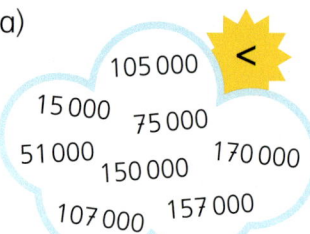
15 000   105 000   <
75 000
51 000   170 000
150 000
107 000   157 000

b)
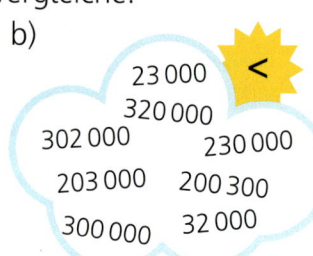
23 000   <
320 000
302 000
230 000
203 000   200 300
300 000   32 000

c)
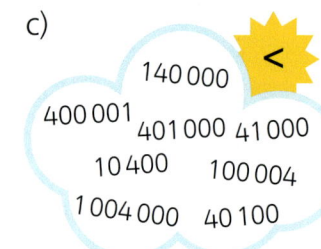
140 000   <
400 001   401 000   41 000
10 400   100 004
1 004 000   40 100

6 Schreibe zu jeder Zahl den Vorgänger und den Nachfolger auf.

a) 250 000   b) 560 000   c) 450 000
500 000   506 000   45 000
830 000   500 600   4 500

Vorgänger	Zahl	Nachfolger
2 4 9 9 9 9	2 5 0 0 0 0	2 5 0 0 0 1

7 Immer abwechselnd: Einer sagt eine Zahl, die andere schreibt sie mit Vorgänger
und Nachfolger auf wie in Aufgabe 6.

8 100 000 unter der Lupe.

99 000   100 000   101 000

a) 99 500 + 1 000   b) 100 000 − 1 300   c) 100 400 − 500
99 900 +   200   101 000 − 1 100   100 500 − 900
99 700 +   500   100 100 − 1 000   100 300 − 700

9 Welche Zahl ist es?

a) Sie ist um 100 kleiner als 100 000.
b) Sie ist um 10 000 größer als 299 000.
c) Sie ist um 10 kleiner als eine Million.
d) Sie ist um 100 größer als 99 999.
e) Sie ist um 1 000 kleiner als 110 011.

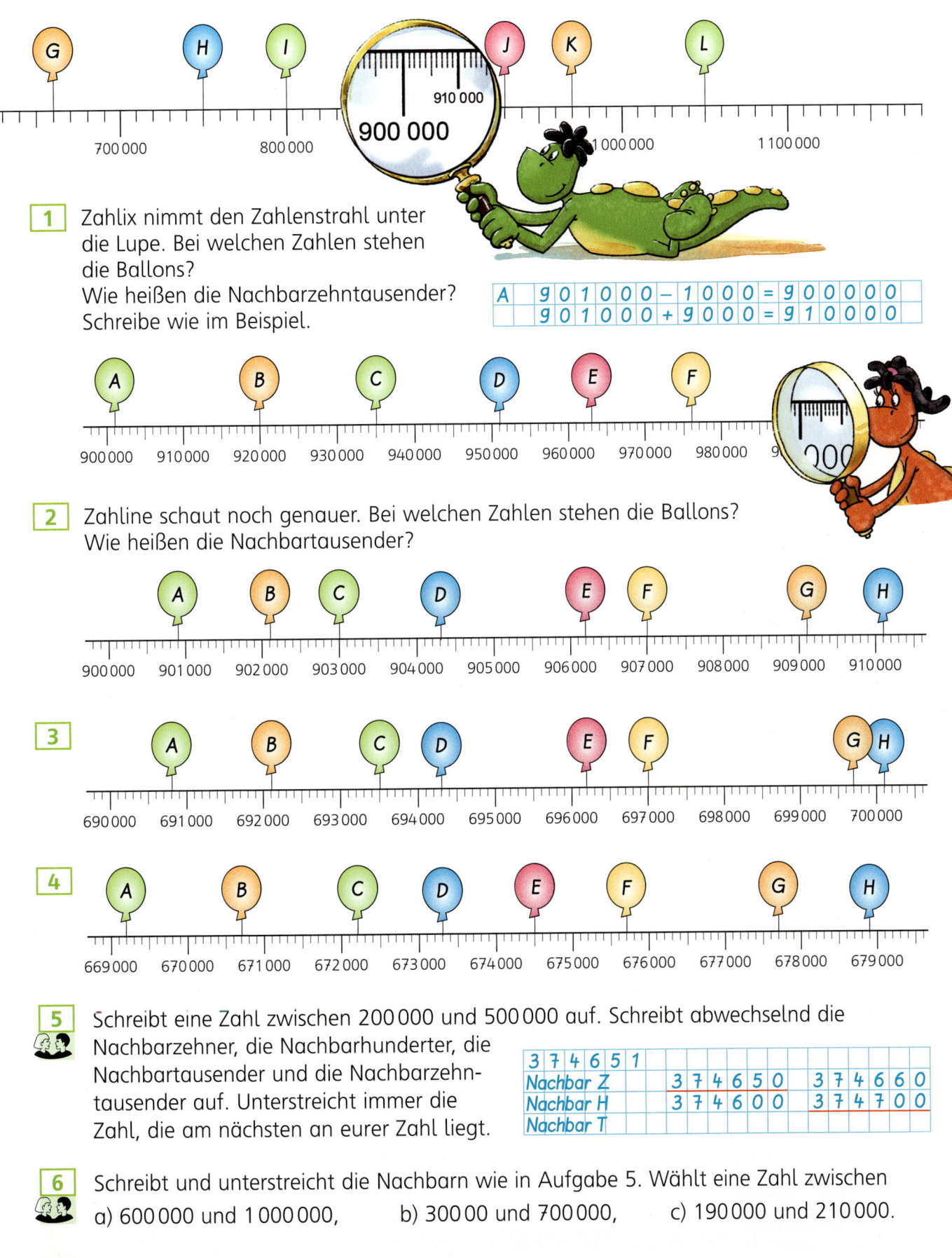

1 Zahlix nimmt den Zahlenstrahl unter die Lupe. Bei welchen Zahlen stehen die Ballons?
Wie heißen die Nachbarzehntausender?
Schreibe wie im Beispiel.

A	9 0 1 0 0 0 − 1 0 0 0 = 9 0 0 0 0 0
	9 0 1 0 0 0 + 9 0 0 0 = 9 1 0 0 0 0

2 Zahline schaut noch genauer. Bei welchen Zahlen stehen die Ballons?
Wie heißen die Nachbartausender?

3

4

5 Schreibt eine Zahl zwischen 200 000 und 500 000 auf. Schreibt abwechselnd die Nachbarzehner, die Nachbarhunderter, die Nachbartausender und die Nachbarzehntausender auf. Unterstreicht immer die Zahl, die am nächsten an eurer Zahl liegt.

3 7 4 6 5 1		
Nachbar Z	3 7 4 6 5 0	3 7 4 6 6 0
Nachbar H	3 7 4 6 0 0	3 7 4 7 0 0
Nachbar T		

6 Schreibt und unterstreicht die Nachbarn wie in Aufgabe 5. Wählt eine Zahl zwischen
a) 600 000 und 1 000 000,   b) 300 00 und 700 000,   c) 190 000 und 210 000.

7 Welche Zahl kann es sein? Es gibt viele Möglichkeiten. Schreibe immer fünf Beispiele auf.

a) *Ihr nächstgelegener Tausender ist 36 000.*

b) *Ihr nächstgelegener Zehntausender ist 470 000.*

c) *Ihr nächstgelegener Hunderter ist 12 400.*

d) *Ihr nächstgelegener Zehntausender ist 200 000.*

1

40 T = 40 000

10 · 4 000
Helferaufgabe:
10 · 4 T = 40 T

a) 10 · 4 000   b) 10 · 7 000
   10 · 8 000   10 · 5 000

c) 10 · 2 000   d) 10 · 9 000
   10 · 6 000   10 · 10 000

2 Denke an die Tauschaufgabe.

a) 6 000 · 10   b) 1 000 · 10   c) 7 000 · 10   d) 3 000 · 10   e) 2 000 · 10
   5 000 · 10   4 000 · 10   8 000 · 10   9 000 · 10   1 000 · 10

3
1 H =   100
50 H = 5 000

a) 10 · 500   b) 10 · 800   c) 10 · 300   d) 10 · 900
   10 · 600   10 · 100   10 · 400   10 · 200

4 a) 10 · 400   b) 10 · 200   c) 10 · 900   d) 10 · 700   e) 10 · 300
     10 · 40   10 · 20   10 · 90   10 · 70   10 · 30

5 Denke an die Tauschaufgabe.

a) 3 000 · 10   b) 8 000 · 10   c) 6 000 · 10   d) 7 000 · 10   e) 4 000 · 10
   300 · 10   800 · 10   600 · 10   700 · 10   400 · 10

6

532 · 10

T	H	Z	E		ZT	T	H	Z	E
			2	·10				2	0
		3	0	→			3	0	0
	5	0	0			5	0	0	0
	5	3	2			5	3	2	0

Aus Einern werden Zehner, aus Zehnern werden Hunderter und aus Hundertern werden Tausender.

a) 630 · 10   b) 983 · 10   c) 7 400 · 10   d) 5 430 · 10   e) 8 006 · 10
   246 · 10   705 · 10   7 315 · 10   3 017 · 10   2 683 · 10

7 Berechne immer das Zehnfache.   a) 635   b) 305   c) 7 250   d) 3 801

8 Schreibe zu jeder Aufgabe auch die Umkehraufgabe.

a) 600 · 10
   300 · 10
   500 · 10

a)	6	0	0	·	1	0	=	6	0	0	0
	6	0	0	0	:	1	0	=		6	0	0

b) 8 000 · 10   c) 750 · 10
   6 000 · 10   342 · 10
   4 000 · 10   621 · 10

9

4650 : 10

ZT	T	H	Z	E		T	H	Z	E
		5	0	: 10				5
	6	0	0	→		6	0	0
4	0	0	0		4	0	0	0
4	6	5	0		4	6	5	0

Aus Zehnern werden Einer, aus Hundertern werden Zehner und aus Tausendern werden Hunderter.

a) 6 400 : 10   b) 8 530 : 10   c) 13 000 : 10   d) 97 120 : 10   e) 72 080 : 10
   5 800 : 10   7 020 : 10   25 600 : 10   63 950 : 10   50 400 : 10

10 Berechne immer den zehnten Teil.   a) 490   b) 7 200   c) 6 950   d) 8 030

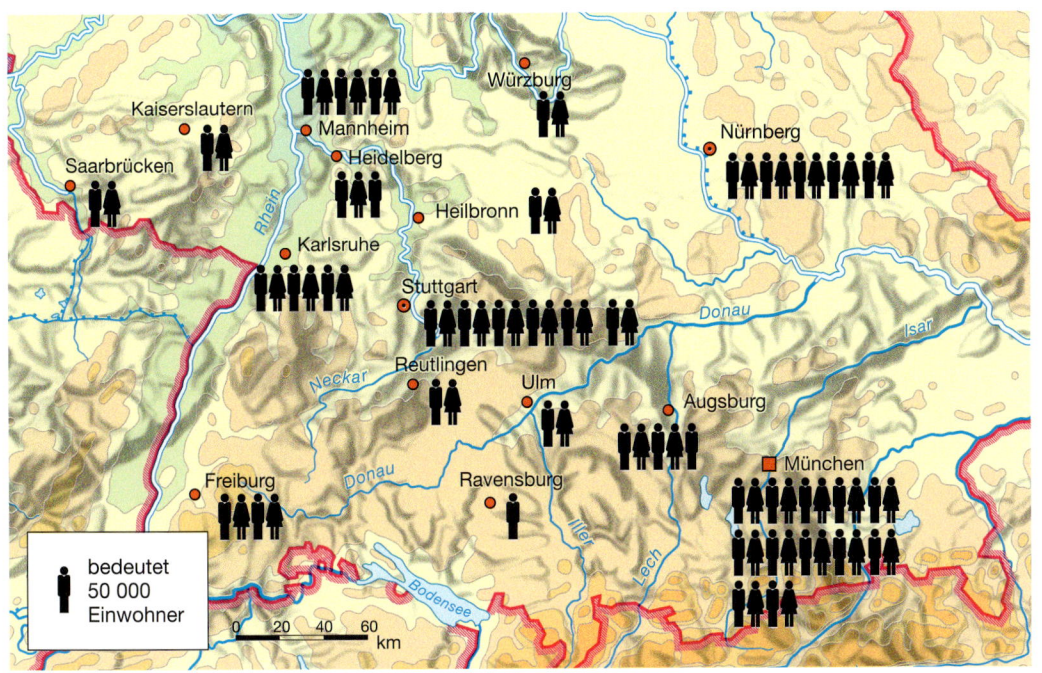

1 Wie viele Einwohner haben die Städte ungefähr?

a) Freiburg   b) Heilbronn   c) Stuttgart   d) Ravensburg   e) Mannheim

2 a) Welche Stadt in der Karte hat die meisten Einwohner?

b) Welche Stadt in der Karte hat die wenigsten Einwohner?

Erfinde eigene Stadt-Rätsel.

3 Welche Städte in der Karte können es sein?

a) Sie hat ungefähr doppelt so viele Einwohner wie Karlsruhe.

b) Sie hat ungefähr halb so viele Einwohner wie Mannheim.

c) Sie hat ungefähr dreimal so viele Einwohner wie Reutlingen.

4 Welche Stadt in der Karte kann es sein?

a) Sie hat ungefähr so viele Einwohner wie Freiburg und Karlsruhe zusammen?

b) Sie hat ungefähr so viele Einwohner wie Mannheim, Freiburg und Heilbronn zusammen?

5 a) Welche Stadt hat ungefähr eine halbe Million Einwohner?

b) Welche Stadt hat ungefähr eine viertel Million Einwohner?

6 Kann das sein?

Karlsruhe und Mannheim haben ungefähr gleich viele Einwohner.

Nele

Stimmt gar nicht! Ich komme aus Mannheim. Mannheim hat ungefähr 310 000 Einwohner.

Marcel

Und ich komme aus Karlsruhe. Wir haben ungefähr 290 000 Einwohner.

Rieka

7 Welche Städte haben nach der Karte gleich viele Einwohner? Prüfe nach im Internet.

In diesen Fußballstadien fanden bereits Länderspiele statt.

Stadion	Zuschauer
Berlin	74 500
Dortmund	80 552
Duisburg	31 500
Düsseldorf	54 600
Frankfurt	51 500
Freiburg	24 000
Gelsenkirchen	61 673
Hamburg	57 000
Kaiserslautern	48 500
Karlsruhe	29 699
Leverkusen	30 500
Mönchengladbach	54 067
München	69 901
Nürnberg	46 780
Rostock	29 000
Stuttgart	60 100

1 Die Kinder wollen wissen, wie viele Zuschauer ungefähr in die Stadien passen. Sie achten auf die Tausender.

Liegt zwischen 60 000 und 61 000.

Aber näher an 60 000. Also gerundet 60 000.

Stuttgart
60 100 Zuschauer

60 100 ≈ 60 000   ≈ „gerundet"

2 Runde auf Tausender.
a) Gelsenkirchen   b) Nürnberg
c) Mönchengladbach   d) München

Abrunden oder aufrunden?

bei 0, 1, 2, 3, 4 abrunden
bei 5, 6, 7, 8, 9 aufrunden

3 a) Berlin   a) 7 4 5 0 0 ≈ 7 5 0 0 0
b) Karlsruhe   c) Leverkusen
d) Frankfurt   e) Kaiserslautern
f) Düsseldorf   g) Freiburg

4 Runde auf Tausender. Schreibe so: a) 5 6 6 8 7 ≈ 5 7 0 0 0
a) 56 687   b) 341 768   c) 120 487   d) 371 500   e) 200 781   f) 89 437
67 892   283 264   6 309   39 713   9 746   546 496

5 Lea will die Zahlen auf unterschiedliche Stellen runden. Erkläre, was sie beachten muss.
56 287 gerundet auf Hunderter: 56 2̲8̲7 ≈ 56 300
56 287 gerundet auf Tausender: 56 2̲87 ≈ 56 000
56 287 gerundet auf Zehntausender: 5̲6 287 ≈ 60 000

Schau dir immer die Stelle *dahinter* an.

6 Runde ebenso auf Hunderter, Tausender und Zehntausender.
a) 63 711   b) 82 079   c) 112 791   d) 7 345   e) 29 307   f) 227 401

7 Die Kinder runden auf unterschiedliche Stellen.

Ich komme aus Konstanz. Wir haben etwas über 80 000 Einwohner.

Kira

Ich komme aus Teningen. Wir haben knapp 6 000 Einwohner.

Marcel

Ich komme aus Stuttgart. Wir haben ungefähr 600 000 Einwohner.

Lucy

Wie viele Einwohner könnten die Orte genau haben? Gib jeweils zwei Beispiele an.

Jede Aufgabe ist anders.

Welche Antwort ist richtig?

① Durch wie viele Zahlen lässt sich die Zahl 24 ohne Rest teilen?

A: 4   B: 6   C: 8   D: 10

② Sofie hat eine Figur am Geobrett gespannt. Ihre Figur ist fünf Maßquadrate groß. Wie viele Figuren sind genauso groß?

Sofie

③ Wie viele Zahlen im Sack haben die Quersumme 2?

A: 4   B: 6   C: 9   D: 10

a)   b)   c)

d)   e)   f)

A: 2   B: 3   C: 4   D: 5

④ Maria lädt zu ihrem Geburtstag fünf Kinder ein. Zur Begrüßung geben sich alle Kinder die Hand. Wie oft werden insgesamt die Hände geschüttelt?

A: 10   B: 15   C: 30

⑤ Simon beginnt mit der Zahl 1 und verdoppelt sie. Das Ergebnis verdoppelt er immer weiter. Wie oft muss er verdoppeln, um eine Zahl über 1000 zu erreichen?

A: 8 mal   B: 9 mal   C: 10 mal   D: 11 mal

⑥ Kais Würfel hat drei farbige Kanten. Welches Netz gehört zu dem Würfel?

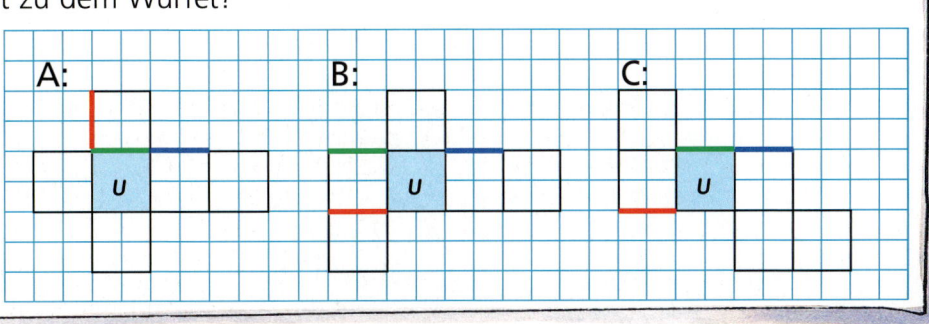

A: B: C:

1 Welche Zahlen sind es?

a) 5 ZT + 3 T + 7 H + 4 Z
   6 ZT + 4 H + 8 Z + 3 E
   9 ZT + 5 T + 9 Z + 5 E

b) 20 H   c) 16 T
   34 H   63 T
   45 Z   75 T

2 a) 4 000 + 600 + 50
      7 000 + 80 + 7
      8 000 + 700 + 9

   b) 30 000 + 6 000 +   5
      60 000 + 500 + 80
      90 000 + 7 000 + 600

3 a) 40 200 + 60 000
      40 200 + 6 000
      40 200 +   600
      40 200 +   60

   b) 90 800 – 40 000
      90 800 – 4 000
      90 800 –   400
      90 800 –   10

4 a) 10 · 8 000   b) 3 000 · 10
      10 ·   700   800 · 10
      10 · 5 000   4 300 · 10

5 a) 13 000 : 10   b) 5 000 : 10
       6 700 : 10   8 400 : 10
      24 300 : 10   9 450 : 10

6 Runde auf Zehntausender.

   a) 57 368   b) 122 940   c) 423 369
      63 847   246 580   610 721
      48 050   751 030   863 847

7 Runde auf Tausender.

   a) 93 784   b) 146 391   c) 320 797
      46 499   713 844   617 423
      28 894   604 977   548 741

8 Bei welchen Zahlen stehen die Ballons?

a)

A   B   C D   E   F   G   H   I

25 000   26 000   27 000   28 000   29 000   30 000   31 000   32 000   33 000   34 000   35 000

b)

A   B   C   D   E   F   G   H   I

300 000   310 000   320 000   330 000   340 000   350 000   360 000   370 000   380 000   390 000   400 000

9 Kleiner oder größer. Setze ein: < oder >

a) 14 728 ◯ 14 738   b) 118 000 ◯ 181 000   c) 41 000 ◯ 4 100

   25 060 ◯ 25 006   250 040 ◯ 250 004   7 500 ◯ 75 000

   43 007 ◯ 34 007   608 000 ◯ 680 000   83 000 ◯ 80 300

10 a) 99 000 + 1 000   b) 300 000 – 1 000   c) 100 000 – 100
       199 000 +   100   300 000 –   100   100 000 – 10

1 Frau Knoche kauft am Kuchenstand fünf Stück Erdbeerkuchen und zahlt 6,50 €.
Herr Berg kauft drei Stück Erdbeerkuchen. Wie viel zahlt Herr Berg?
Löse mit einer Rechentabelle.

2 Herr Knobel kauft acht Lose und zahlt dafür 4,80 €.
Frau Bayer kauft elf Lose. Wie viel zahlt Frau Bayer?

3 Frau Rinke kauft für ihre Familie fünf Bratwürste und bezahlt 9,00 €.
Herr Dingler kauft drei Bratwürste. Wie viel muss Herr Dingler bezahlen?

4 Noah und Lea kaufen beim Schulfest am Kuchenstand ein.
Noah kauft vier Muffins und drei Gläser Apfelschorle. Er bezahlt 6,30 €.
Lea kauft vier Muffins und ein Glas Apfelschorle. Sie bezahlt 5,30 €
Wie viel Euro kostet ein Muffin? Wie viel Euro kostet ein Glas Apfelschorle?
Löse mit einer Skizze.

5 Herr Witt bezahlt für zwei Stück Apfelkuchen und
eine Tasse Kaffee 3,40 €. Frau Meister kauft zwei Stück
Apfelkuchen und zwei Tassen Kaffee. Sie bezahlt 4,40 €.

6 Mandy bezahlt am Kuchenstand für drei Stücke Butterkuchen
und zwei Becher Kaffee 5,60 €. Leon bezahlt für zwei Stücke Butterkuchen
und zwei Becher Kaffee 4,40 €.

7 a) $20 + 5 \cdot 6$ b) $3 \cdot 7 + 39$
   $3 \cdot 12 + 50$ $25 + 40 : 8$
   $350 + 2 \cdot 50$ $42 : 7 + 97$

   30   50   60   80   86   103   450

8 Dividiere in Schritten.

   a) $535 : 5$ b) $648 : 6$
     $328 : 4$ $392 : 7$
     $258 : 6$ $504 : 8$

   43   56   63   82   92   107   108

9 Schreibe alle Teiler auf:
   a) von 21   b) von 28
   c) von 32   d) von 23

10 Schreibe die Vielfachen bis 600 auf:
   a) von 80   b) von 90
   c) von 79   d) von 50

11 Tina und Anne stehen
in einer Schlange vor
dem Trampolin. Tina steht an
10. Stelle und Anne an 15. Stelle.
Hinter Anne stehen doppelt so viele
Kinder wie zwischen Tina und Anne.
Wie viele Kinder stehen
in der Schlange?

12 Beim Lauf um das Schulgebäude
nehmen 25 Mädchen teil.
Vor Nina kommen halb so viele
Mädchen ins Ziel wie hinter ihr.
Welchen Platz belegte Nina?

13 An dem Waffelstand stehen
25 Personen in einer Schlange.
Hinter Frau Knobel stehen dreimal
so viele Personen wie vor ihr.
An welcher Stelle steht Frau Knobel?

1 Anna hat wie der Künstler Kandinsky
ein Bild aus Geraden und Kreisen gezeichnet.

a) Wo erkennst du parallele Geraden?

b) Wo erkennst du senkrechte Geraden?

c) Wo erkennst du rechte Winkel?

senkrechte
Geraden

parallele
Geraden

Diese Geraden sind
nicht parallel und
nicht senkrecht!

2 Mit einem Geo-Dreieck kannst du parallele
Geraden überprüfen.

a) Überprüfe parallele Geraden im Bild von Anna.

b) Findest du in diesem Mathematikbuch noch mehr
parallele Geraden? Schreibe die Seiten auf.

3 Mit einem Faltwinkel oder einem Geo-Dreieck
kannst du rechte Winkel überprüfen.

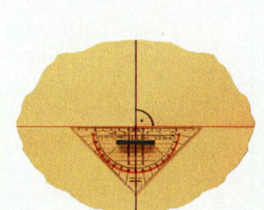

rechter
Winkel

a) Stelle einen Faltwinkel her.

b) Überprüfe rechte Winkel im Bild von Anna.

c) Findest du auch im Klassenraum rechte Winkel?

1 Zeichne wie Anna ein Bild aus senkrechten Geraden, parallelen Geraden und Kreisen.

2 Anna hat zwei parallele Geraden gezeichnet. Sie misst den Abstand. Wie groß ist er?

3 Nimm ein Blatt Papier.

a) Zeichne mit dem Geodreieck zwei parallele Geraden.

b) Miss den Abstand zwischen ihnen.

4 Nimm ein Blatt Papier. Zeichne eine Gerade. Zeichne zu dieser Geraden drei senkrechte Geraden. Was kannst du über diese drei Geraden noch sagen?

5 Nimm ein Blatt Papier. Zeichne eine rote Gerade und dazu eine senkrechte Gerade in blau. Zeichne zu der blauen Geraden wieder eine senkrechte Gerade in grün. Was kannst du über die rote Gerade und die grüne Gerade sagen?

6 Anna hat ein Quadrat mit der Seitenlänge 7 cm gezeichnet. Erkläre, dann zeichne.

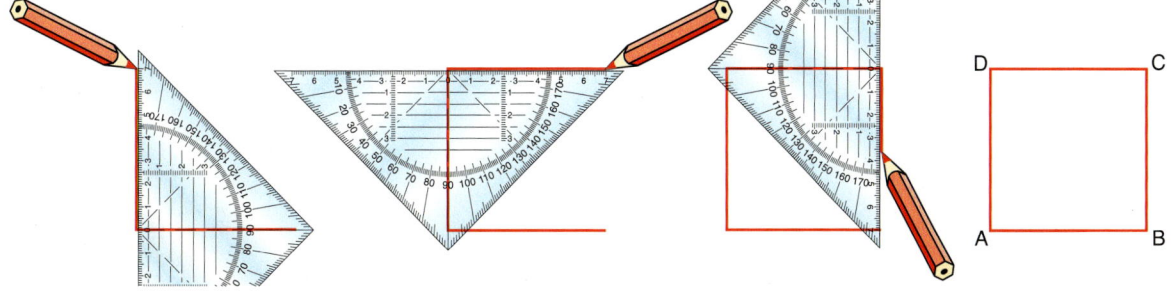

7 Zeichne Quadrate mit den Seitenlängen   a) 4 cm   b) 55 mm   c) 8 cm

8 Zeichne Rechtecke.

a) 6 cm lang, 4 cm breit   b) 4 cm lang, 5 cm breit   c) 3,5 cm lang, 48 mm breit

d) 7 cm lang, 7 cm breit   e) 10 cm lang, 3 cm breit   f) 12 cm lang, 4 cm breit

9 Zeichnet mit parallelen und senkrechten Geraden Vierecke und schneidet sie aus.

a) Ein Rechteck, aber kein Quadrat

b) Ein Viereck mit genau zwei rechten Winkeln

c) Ein Viereck mit vier gleich langen Seiten

d) Ein Viereck mit mehr als zwei rechten Winkeln

1 Bei der Vorbereitung zum Schulfest sollen alle Verkaufsstände mit Lichterketten verbunden werden. Wie viele Lichterketten braucht man bei vier Verkaufsständen?

2 Hier sind andere Verkaufsstände (Punkte).

a) Übertrage die Zeichnung in dein Heft und spanne die Lichterketten (Strecken).

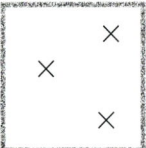
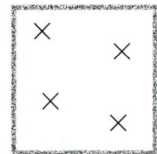

b) Wie viele Strecken gibt es?

Punkte	2	3	4	5	6	7	8	9
Strecken								

c) Entdeckst du eine Regel in der Tabelle?

d) Wie viele Strecken gibt es bei 10, 12, 15 Punkten?

3 Zeichne Geraden.
Wie viele Schnittpunkte kann es geben?
Übertrage die Tabelle in dein Heft.

Geraden	Schnittpunkte
1	
2	
3	0, 1, 2, 3
4	
5	

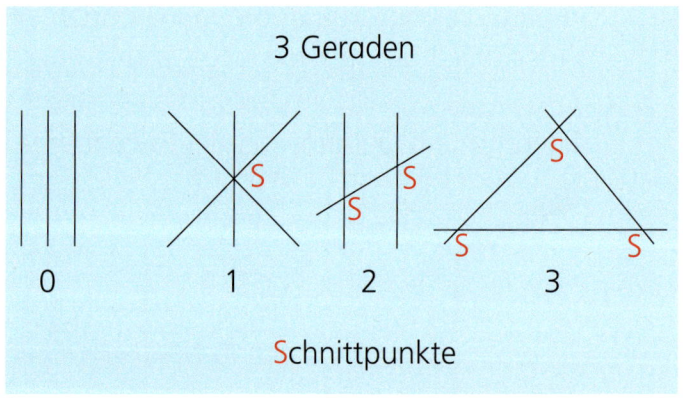

3 Geraden

0   1   2   3

Schnittpunkte

4 Beim Fünfeck A sind die Diagonalen rot eingezeichnet.

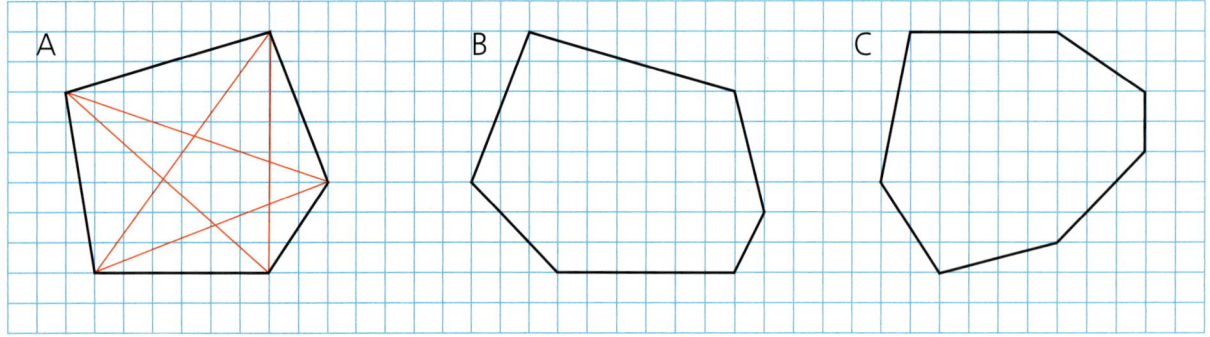

a) Wie viele Diagonalen sind es im Fünfeck?

b) Wie heißen die Figuren B und C?

c) Wie viele Diagonalen gibt es bei den Figuren B und C?
Übertrage die Figuren in dein Heft und zeichne die Diagonalen ein.

d) Zeichne eine Tabelle. Wie geht es weiter bei einem Achteck, Neuneck, …?

1 Manchmal kann man seinen Augen nicht trauen.
Entdeckst du hier parallele Linien? Prüfe mit dem Geodreieck.

a) 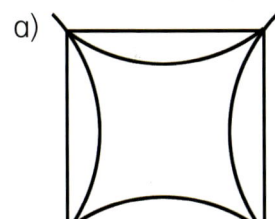   b) 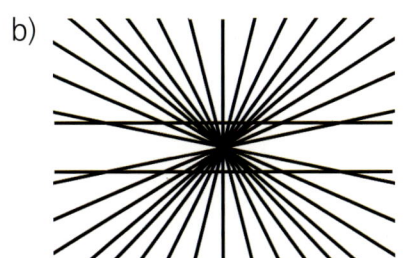   c)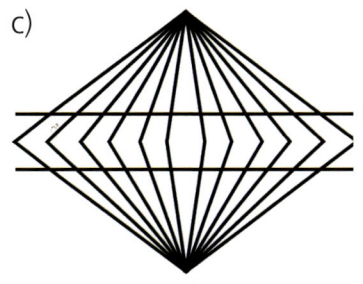

2 Es ist ein Quadrat, auch wenn es nicht so aussieht. Prüfe nach.

a) 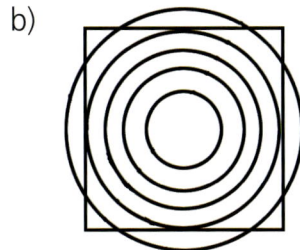   b) (siehe Abbildung)   c)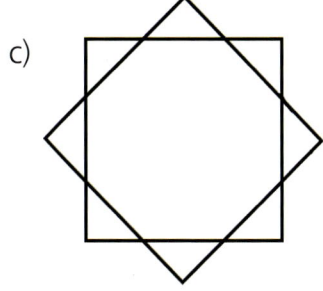

3 Zeichne zuerst ein Quadrat mit 4 cm langen Seiten. Dann zeichne das Muster.

a) 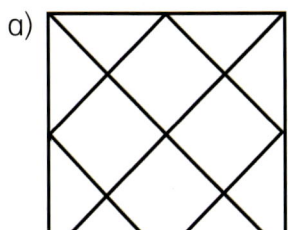   b) 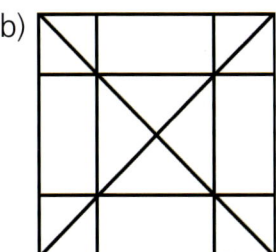   c) 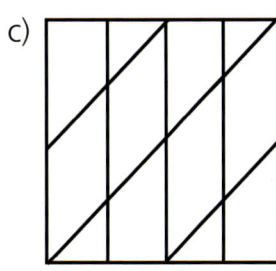   d)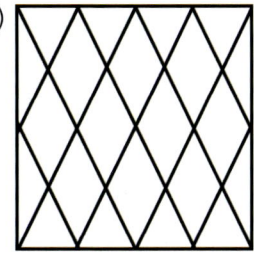

4 Muster für Meister-Maler. Zeichne zuerst ein Rechteck, 6 cm lang und 4 cm breit.

a) 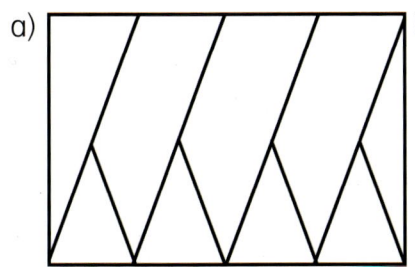   b)    c)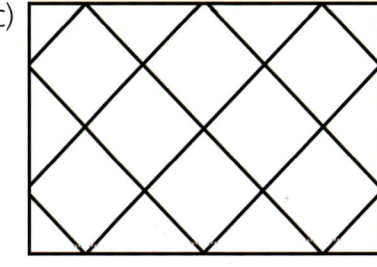

5
a)	b)	c)	d)
40 000 + 6 000	30 000 + 8 000	90 000 + 7 000	60 000 + 5 000
40 000 + 600	30 000 + 800	90 000 + 700	60 000 + 500
40 000 + 60	30 000 + 80	90 000 + 70	60 000 + 50

6
a)	b)	c)	d)
10 · 700	10 · 8 000	10 · 630	10 · 7 500
10 · 400	10 · 6 000	10 · 750	10 · 2 800
10 · 900	10 · 2 000	10 · 480	10 · 6 300

7
a)	b)	c)	d)
8 000 : 10	7 500 : 10	60 000 : 10	45 000 : 10
5 000 : 10	3 200 : 10	70 000 : 10	92 000 : 10

1

a) ... im Kopf rechnen

Du kannst ...

$27\,000 + 2\,000$
$27\,000 + 500$
$18\,200 + 100$
$18\,200 + 40$
$75\,392 + 3$

$36\,000 - 2\,000$
$36\,500 - 3\,000$
$36\,500 - 400$
$58\,090 - 50$
$58\,090 - 3$

... große Zahlen addieren und subtrahieren

b) ... in Schritten rechnen

$20\,300 + 1\,500$

$+ 1000$ $+ 500$

20300   21300

$2\,0\,3\,0\,0 + 1\,5\,0\,0 =$
$2\,0\,3\,0\,0 + 1\,0\,0\,0 = 2\,1\,3\,0\,0$
$2\,1\,3\,0\,0 + 5\,0\,0 =$

$30\,200 + 1\,500$
$50\,400 + 2\,200$

$25\,700 - 1\,300$
$18\,500 - 2\,100$

c) ... mit Zahlenblick rechnen

$19\,999 + 25$
$29\,999 + 25$
$29\,999 + 87$

$20\,000 + 25$ dann 1 weniger

$4\,222 + 999$
$6\,222 + 999$
$6\,444 + 999$

$4\,222 + 1\,000$ dann 1 weniger

$5\,777 - 999$
$8\,777 - 999$
$8\,712 - 999$

$5\,777 - 1\,000$ dann 1 mehr

d) ... schriftlich rechnen

ZT	T	H	Z	E
	1	7	8	3	6
+		3	4	3	2

ZT	T	H	Z	E
	1	3	1	7	3
+			8	0	9	5

ZT	T	H	Z	E
	5	9	7	3	8
−		3	2	4	1	2

ZT	T	H	Z	E
	3	9	6	7	2
−		1	2	3	4	6

2 Wie rechnest du? Im Kopf ▰, in Schritten ▰, mit Zahlenblick ▰ oder schriftlich ▰?
Ordne jeder Aufgabe erst eine Farbe zu, dann rechne.

a) $7\,603 + 20$ b) $31\,000 + 3\,600$ c) $5\,558 - 5$ d) $62\,700 - 2\,500$

$4\,050 + 999$ $47\,400 + 1\,600$ $5\,154 - 627$ $49\,000 - 5\,000$

$8\,819 + 784$ $64\,000 + 3\,000$ $9\,900 - 99$ $71\,000 - 9\,999$

1 Zahlix und Zahline haben mit vielen Nullen und zwei anderen Ziffern Muster gebildet.
Suche aus ihren Mustern jeweils eine Zahl aus und addiere die beiden Zahlen:

70 002
70 020
70 200
72 000
27 000
20 700
20 070
20 007

38 000
3 800
380
38
83
830
8 300
83 000

$$\text{Zahlix-Zahl} + \text{Zahline-Zahl}$$

a) Viele Aufgaben sind ganz leicht. Du kannst sie im Kopf rechnen.

$$70 002 + 38 = 70 040$$
$$27 000 + 830 = 27 830$$

Finde zehn solcher Aufgaben.

b) Bei anderen Aufgaben hilft es dir, sie in Schritten zu rechnen.

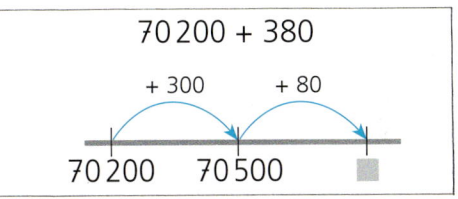

70 200 + 380

+ 300   + 80

70 200   70 500

Finde zehn solcher Aufgaben.

2
a) Bildet mit den Ziffern 4 und 6 ein Muster wie Zahlix in Aufgabe 1.

b) Bildet mit den Ziffern 2 und 5 ein Muster wie Zahline in Aufgabe 1.

c) Rechnet „Zahlix-Zahl + Zahline-Zahl". Findet viele Aufgaben.
Wie rechnet ihr? Schnell im Kopf oder in Schritten?

3 Schnell im Kopf oder in Schritten? Entscheide bei jeder Aufgabe neu.
Die Ergebnisse in einem Päckchen haben immer dieselbe Quersumme.

a) 13 567 + 5
   40 555 + 8
   23 328 + 9
   17 896 + 5

b) 2 525 + 30
   59 230 + 70
   91 120 + 40
   61 170 + 20

c) 3 242 + 500
   87 600 + 400
   20 700 + 205
   71 200 + 420

d) 7 932 + 3 000
   42 000 + 6 300
   75 322 + 5 000
   20 021 + 5 050

e) 71 000 + 3 300
   24 500 + 3 000
   40 700 + 2 100
   55 800 + 5 000

f) 45 000 + 22 000
   23 400 + 40 000
   40 000 + 36 000
   30 200 + 40 400

g) 620 000 + 220 000
   226 000 + 200 000
   340 000 + 302 000
   150 000 + 240 000

h) 401 000 + 204 000
   403 000 + 200 200
   305 000 + 201 000
   300 220 + 220 000

4 a) | 11 808 | 18 080 | + | 2 | 20 | 200 |

b) | 19 099 | 9 979 | + | 1 | 10 | 100 |

5 a) | 28 900 | 77 100 | + | 3 000 | 30 000 |

b) | 18 300 | 80 700 | + | 2 000 | 20 000 |

6 Findet viele Additionsaufgaben. Die Summe ist ...

a) 10 000   b) 100 000   c) 500 000   d) 1 000 000

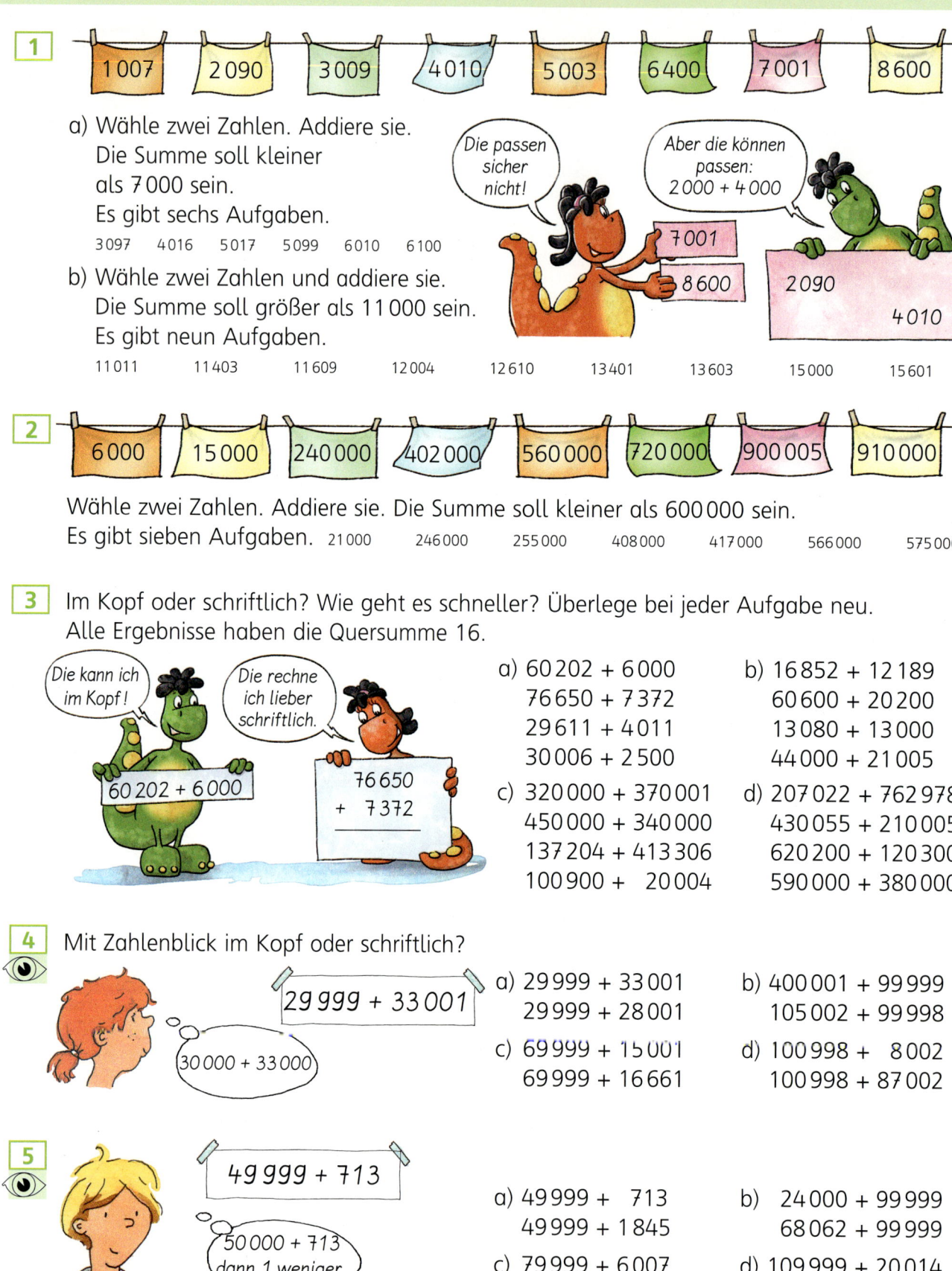

1

1 007 2 090 3 009 4 010 5 003 6 400 7 001 8 600

a) Wähle zwei Zahlen. Addiere sie.
Die Summe soll kleiner
als 7 000 sein.
Es gibt sechs Aufgaben.

3097   4016   5017   5099   6010   6100

Die passen sicher nicht!

Aber die können passen: 2 000 + 4 000

7 001
8 600
2 090
4 010

b) Wähle zwei Zahlen und addiere sie.
Die Summe soll größer als 11 000 sein.
Es gibt neun Aufgaben.

11011   11403   11609   12004   12610   13401   13603   15000   15601

2

6 000 15 000 240 000 402 000 560 000 720 000 900 005 910 000

Wähle zwei Zahlen. Addiere sie. Die Summe soll kleiner als 600 000 sein.
Es gibt sieben Aufgaben.   21000   246000   255000   408000   417000   566000   575000

3 Im Kopf oder schriftlich? Wie geht es schneller? Überlege bei jeder Aufgabe neu.
Alle Ergebnisse haben die Quersumme 16.

Die kann ich im Kopf!

Die rechne ich lieber schriftlich.

60 202 + 6 000

76 650
+ 7 372
‾‾‾‾‾‾

a) 60 202 + 6 000
76 650 + 7 372
29 611 + 4 011
30 006 + 2 500

b) 16 852 + 12 189
60 600 + 20 200
13 080 + 13 000
44 000 + 21 005

c) 320 000 + 370 001
450 000 + 340 000
137 204 + 413 306
100 900 +   20 004

d) 207 022 + 762 978
430 055 + 210 005
620 200 + 120 300
590 000 + 380 000

4 Mit Zahlenblick im Kopf oder schriftlich?

29 999 + 33 001

30 000 + 33 000

a) 29 999 + 33 001
29 999 + 28 001

b) 400 001 + 99 999
105 002 + 99 998

c) 69 999 + 15 001
69 999 + 16 661

d) 100 998 +   8 002
100 998 + 87 002

5

49 999 + 713

50 000 + 713 dann 1 weniger.

a) 49 999 +   713
49 999 + 1 845

b)   24 000 + 99 999
68 062 + 99 999

c) 79 999 + 6 007
79 999 + 4 849

d) 109 999 + 20 014
109 999 + 67 000

6 Im Kopf oder schriftlich? Wie geht es schneller? Entscheide bei jeder Aufgabe neu.
Alle Ergebnisse haben die Quersumme 15.

a) 23 235 + 999
91 299 + 201
64 646 + 574

b) 39 999 + 56 001
26 000 + 52 000
33 499 + 22 001

c) 588 970 + 537 080
370 000 + 401 000
759 999 + 200 001

d) 850 900 + 100 100
499 999 + 211 124
268 374 + 112 836

1

a) Dividiere 55 durch 11. Addiere 300 003.

b) Berechne die Differenz von 900 000 und 100 000. Addiere 30 000.

c) Addiere zu 800 098 die Hälfte von 404.

d) Subtrahiere 600 von 800 600. Addiere zur Differenz die Summe von 1 999 und 1 001.

e) Addiere 184 567 und 123 456. Subtrahiere 23 von der Summe.

f) Addiere zu 799 998 das Doppelte von 16.

g) Dividiere 495 durch 5 und addiere dann noch 300 701.

h) Bestimme das Produkt von 23 und 3. Addiere 300 011.

i) Addiere die Hälfte von 6 zu 800 000.

j) Die Lösungszahlen ergeben ein Zahlenmuster aus Zahlix-Zahlen (Seite 41). Eine Zahl fehlt. Findest du dazu eine Aufgabe?

2

a) Bildet mit den Ziffern 2 und 6 ein Muster aus Zahlix-Zahlen.

b) Schreibt zu jeder Zahl eine Aufgabe. Der Partner rechnet die Aufgabe und prüft nach.

3

Schreibe zu jeder Aufgabenfolge noch drei Aufgaben.

a)
$1 100 \cdot 10 + 111$
$2 200 \cdot 10 + 222$
$3 300 \cdot 10 + 333$

b)
$30 303 \cdot 10 + 30 303$
$40 404 \cdot 10 + 40 404$
$50 505 \cdot 10 + 50 505$

c)
$990 \cdot 10 + 990 : 10$
$880 \cdot 10 + 880 : 10$
$770 \cdot 10 + 770 : 10$

4

Schreibe zu jeder Aufgabenfolge noch drei Aufgaben.

a)
$9 \cdot 40 + 44$
$9 \cdot 50 + 55$
$9 \cdot 60 + 66$

b)
$9 \cdot 10 + 21$
$9 \cdot 20 + 42$
$9 \cdot 30 + 63$

c)
$9 \cdot 1 000 + 1 001$
$9 \cdot 2 000 + 2 002$
$9 \cdot 3 000 + 3 003$

d)
$22 122 + 5 \cdot 20$
$33 133 + 5 \cdot 40$
$44 144 + 5 \cdot 60$

5

Wähle für die Buchstaben A und B verschiedene Ziffern. A und B sollen nicht Null sein. Die Summe soll kleiner als 10 000 sein. Rechne sechs Aufgaben. Was fällt auf?

```
  A B B A
+ B A A B
─────────
  ▢ ▢ ▢ ▢
```

6

Wähle für die Buchstaben A und B verschiedene Ziffern. A und B sollen nicht Null sein. Die Summe soll größer als 10 000 sein. Rechne sechs Aufgaben.

7

Rechne wie in Aufgabe 6.

a) Im Ergebnis soll an der Einerstelle eine 1 stehen. Wie viele Aufgaben findest du? Aufgabe und Tauschaufgabe gelten als eine Aufgabe.

b) Im Ergebnis soll an der Einerstelle eine 3 stehen. Wie viele Aufgaben findest du?

8

Die Summe soll wieder größer als 10 000 sein.

a) Zu welchen Ziffern an der Einerstelle im Ergebnis gibt es nur eine Aufgabe? Aufgabe und Tauschaufgabe gelten als eine Aufgabe.

b) Wie viele verschiedene Ergebnisse gibt es?

Subtrahieren im Kopf oder in Schritten

1

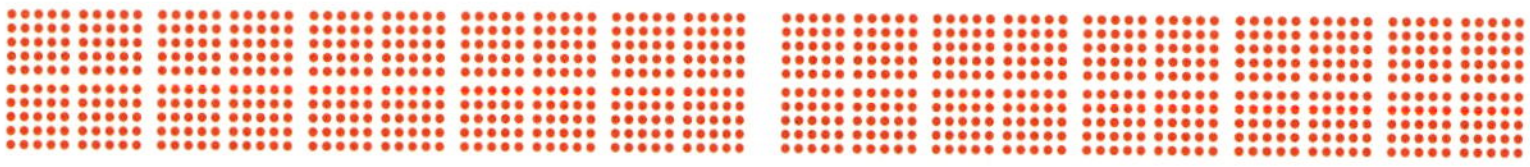

a) 1 000 – 500
1 000 – 50
1 000 – 5

b) 1 000 – 300
1 000 – 30
1 000 – 3

c) 1 000 – 800
1 000 – 80
1 000 – 8

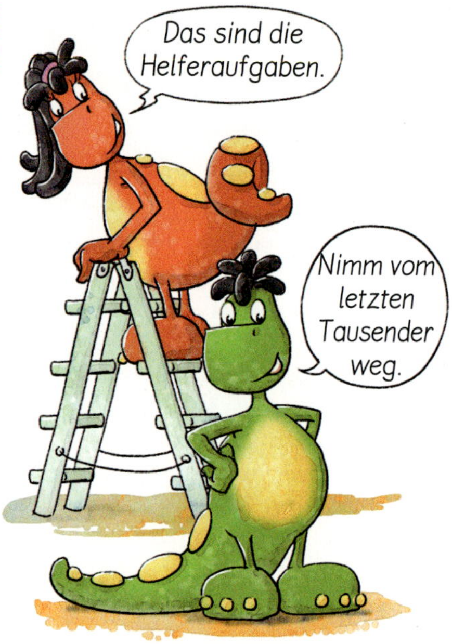

Das sind die Helferaufgaben.
Nimm vom letzten Tausender weg.

2

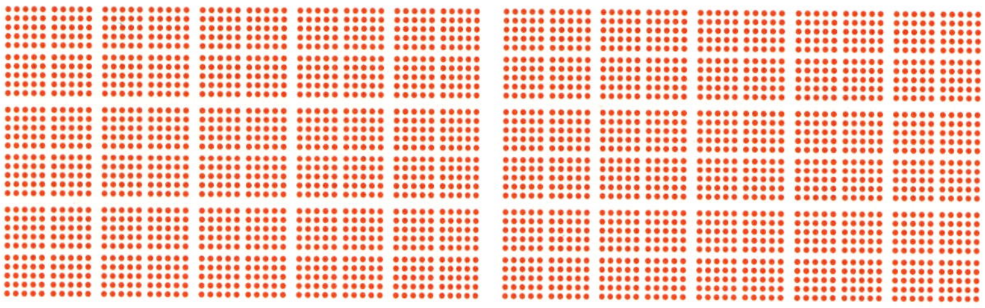

a) 3 000 – 500
3 000 – 50
3 000 – 5

b) 3 000 – 300
3 000 – 30
3 000 – 3

c) 3 000 – 800
3 000 – 80
3 000 – 8

3 a) 5 000 | 10 000 – 1 | 10 | 100

b) 17 000 | 40 000 – 6 | 60 | 600

4 a) Rechne zehn Aufgaben.

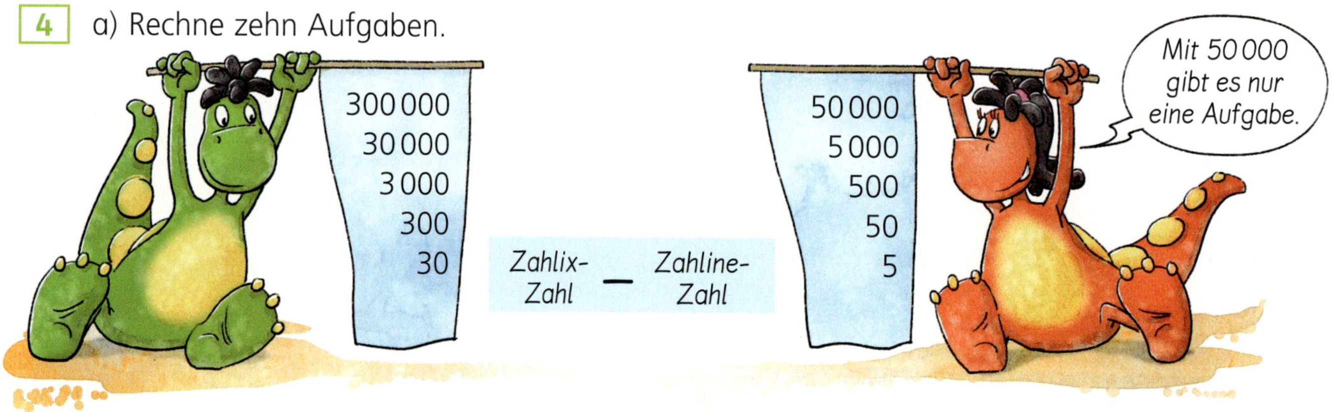

300 000
30 000
3 000
300
30
Zahlix-Zahl – Zahline-Zahl
50 000
5 000
500
50
5
Mit 50 000 gibt es nur eine Aufgabe.

b) Welche Aufgabe hat im Ergebnis am häufigsten die Ziffer 9?

c) Schreibe alle Aufgaben auf, bei denen im Ergebnis die Ziffer 9 nicht vorkommt.

5 Bilde selbst Zahlenmuster wie Zahlix und Zahline. Rechne wie in Aufgabe 4.

6 Aufgepasst beim Kopfrechnen.

a) 87 000 – 3 000
87 000 – 300
87 000 – 30

b) 62 000 – 40 000
62 000 – 400
62 000 – 4

c) 72 000 – 4 000
72 000 – 40
72 000 – 4

d) 100 000 – 50 000
100 000 – 500
100 000 – 5

7 Subtrahiere von 1 Million: 300 000 20 000 1 000 500 30 7

8 Rechne in Schritten

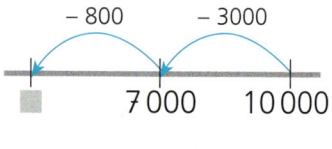

– 800
– 3000
7 000
10 000

a) 10 000 – 3 800
20 000 – 7 600
40 000 – 5 200
60 000 – 4 400

b) 15 000 – 4 010
26 000 – 5 001
57 000 – 2 300
10 000 – 4 007

c) 13 000 – 3 005
42 000 – 4 100
55 000 – 9 050
34 000 – 8 008

5 993 6 200 9 995 10 990 11 990 12 400 20 999 25 992 34 800 37 900 45 950 54 700 55 600

1

| 1 009 | 2 800 | 3 060 | 5 000 | 7 400 | 8 900 | 10 001 | 12 000 |

a) Wähle zwei Zahlen. Berechne die Differenz.
Die Differenz soll kleiner
als 2 000 sein.
Es gibt sechs Aufgaben.

260   1 101   1 500   1 791   1 940   1 999

Die könnten passen.
3 000 – 1 000 = 2 000

Schau genau hin.
Die Differenz ist
größer als 2 000!

3 060   1 009

b) Die Differenz soll zwischen 3 000 und 5 000 liegen.
Es gibt sechs Aufgaben.

3 100   3 900   3 991   4 340   4 600   4 600

c) Mit welchen Zahlen kannst du die kleinste Differenz bilden?

2

| 999 | 11 000 | 50 001 | 101 000 | 300 000 | 500 500 | 600 000 | 999 999 |

a) Wähle zwei Zahlen. Berechne die Differenz. Die Differenz soll kleiner als 100 000 sein.
Es gibt sechs Aufgaben.   10 001   39 001   49 002   50 999   90 000   99 500

b) Die Differenz soll größer als 500 000 sein. Es gibt acht Aufgaben.

549 999   589 000   599 001   699 999   898 999   949 998   988 999   999 000

3

Die kann ich
im Kopf!

Die rechne ich
lieber schriftlich.

44 007 – 1 002

28 325
– 6 083

Im Kopf oder schriftlich? Wie geht es schneller?
Überlege bei jeder Aufgabe neu.
Alle Ergebnisse haben die Quersumme 12.

a) 44 007 – 1 002
   28 325 – 6 083
   58 111 – 3 100
   46 610 – 5 000

b) 69 012 – 40 002
   28 068 – 28 002
   87 561 – 82 500
   92 815 – 51 493

c) 717 111 – 15 000
   213 806 – 88 496
   150 000 – 21 000
   475 700 – 25 400

d) 469 519 – 146 317
   870 000 – 210 000
   262 000 – 178 000
   643 000 – 199 000

4

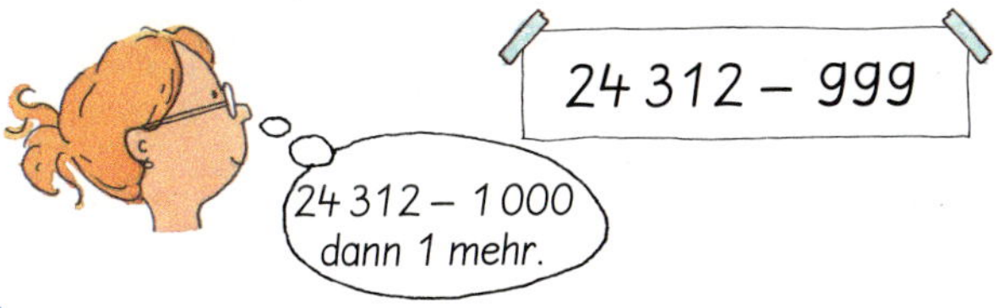

24 312 – 999

24 312 – 1 000
dann 1 mehr.

a) 24 312 – 999
   63 005 – 999

b) 46 500 – 9 999
   98 416 – 9 999

c) 84 802 – 990
   71 316 – 990

d) 20 000 – 9 999
   20 000 –   990

F

5 Wie viele Kinder braucht man für eine Kinderkette durch Deutschland?

Tipp 1
Überlegt, wie lang eine
Armspanne ist.

Tipp 2
Überlegt, wie lang Deutschland
von Norden nach Süden ist.

5 Fermi-Aufgabe: Offene Sachsituation. Kinder sammeln Daten, gehen eigene Lösungswege und können
zu individuellen Ergebnissen kommen.

1 Wähle für die Buchstaben A und B verschiedene Ziffern.
A und B sollen nicht 0 sein. Worauf musst du achten,
damit du rechnen kannst? Rechne fünf Aufgaben.

```
  A B A B A
– B A B A B
  ▪ ▪ ▪ ▪ ▪
```

2 a)
```
  7 3 ▪ ▪ ▪
–   ▪ ▪ ▪ ▪
  ▪ ▪ ▪ ▪ ▪
```

b)
```
  ▪ ▪ ▪ ▪ ▪
–   ▪ ▪ ▪ 3
  ▪ ▪ ▪ ▪ 2
```

c)
```
  ▪ ▪ ▪ ▪ ▪
–   ▪ ▪ 2 ▪
  ▪ ▪ ▪ ▪ 5
```

d)
```
  ▪ ▪ ▪ ▪ 4
–   ▪ ▪ ▪ ▪
  2 ▪ ▪ ▪ ▪
```

3 Wähle Ziffern für die Buchstaben A und B
und rechne wie in Aufgabe 1.

a) Im Ergebnis soll an der Einerstelle eine 6 stehen.
   Wie viele Aufgaben findest du?

b) Im Ergebnis soll an der Einerstelle eine 4 stehen.
   Wie viele Aufgaben findest du?

```
  ▪ ▪ ▪ ▪ ▪
–   ▪ ▪ ▪ ▪
  ▪ ▪ ▪ ▪ 6
```

4 Zahlix behauptet: „Das größtmögliche Ergebnis ist 72 728."
Welche Ziffern für A und B musst du wählen?

5 Wie heißt das kleinstmögliche Ergebnis? Es gibt acht verschiedene Aufgaben dazu.
Findest du alle Aufgaben?

6 Ihr habt viele Aufgaben mit ABABA-Zahlen gerechnet. Schaut euch die Ergebnisse an.
Was fällt auf?

a) Die Summe der beiden letzten
   Ziffern im Ergebnis ist immer ▪.

b) Im Ergebnis ist die Zahl aus den beiden ersten
   Ziffern immer eine Zahl der ▬▬-Reihe.

c) Wenn man vom Ergebnis 1 subtrahiert, ist die Differenz
   wieder eine ▬▬-Zahl.

7 Zahline hat noch einen Buchstaben drangehängt.
Wähle für die Buchstaben A und B verschiedene Ziffern.
A und B sollen nicht 0 sein. Rechne fünf Aufgaben.

```
  A B A B A B
– B A B A B A
  ▪ ▪ ▪ ▪ ▪ ▪
```

8 In Aufgabe 7 habt ihr viele Aufgaben gerechnet. Schaut euch die Ergebnisse an.
Was fällt auf?

a) Das größtmögliche
   Ergebnis ist ▪.

b) Das kleinstmögliche
   Ergebnis ist ▪.

c) Es gibt insgesamt nur ▪
   verschiedene Ergebnisse.

d) Im Ergebnis ist die Zahl aus den
   beiden ersten Ziffern immer eine
   Zahl der ▬▬-Reihe.

Entdeckt ihr noch
mehr?

1
B
A C

Unser Sonnensystem ist nur ein kleiner Teil des a) ▨. Die b) ▨ ist das weitaus größte Objekt darin. Die Sonne ist kein Planet, sondern ein c) ▨, eine gewaltige Kugel aus heißen Gasen. Auf ihrer Oberfläche ist es ungefähr 5500 °C heiß.

a)
50 300 + 6 000
10 998 + 5 002
44 007 + 1 006
70 998 + 8 002
45 501 + 9 999
24 002 + 7 000
14 198 +   802
55 999 +   301
19 999 +   417
14 001 +   999

b)
24 999 – 9 999
89 000 – 2 100
17 040 – 1 040
20 009 – 4 009
56 500 – 1 000

c)
22 300 – 7 300
89 430 – 1 030
59 500 – 4 000
37 002 – 6 000
20 600 – 4 600

Merkur

a)
45 200 +   2 000
43 500 + 12 000
16 300 + 40 000
17 000 + 18 000
23 000 + 10 030
68 000 + 20 400
11 499 + 44 001
44 200 + 44 200

b)
50 416 – 30 000
65 014 – 20 001
87 200 – 40 000
58 000 – 10 800
65 012 – 19 999
99 900 – 13 000
50 000 – 34 000
66 000 – 10 500
76 001 – 60 001

2
B
A C

Die Sonne wird von der Erde und sieben weiteren Planeten umkreist. Die Sonne a) ▨ selber. Die Planeten werden angestrahlt. Die Entfernung von der Erde zur Sonne beträgt 150 b) ▨ Kilometer.

3
B
A C

Obwohl die Sonne so weit entfernt ist, spüren wir auf der Erde ihr a) ▨ und ihre b) ▨. Beides ist für Menschen, Tiere und Pflanzen lebenswichtig.

a)
39 000 + 8 000 + 200
38 000 + 7 001 +   12
27 000 + 7 500 + 500
32 000 + 1 003 +   27
85 300 + 3 010 +   90

b)
98 477 – 98 000 – 77
75 006 – 10 001 –   4
61 020 – 30 000 – 18
30 436 – 10 000 – 20
95 550 – 40 000 – 50

Erde

Mars

Jupiter

400 = W	15 000 = S	16 000 = N	20 416 = M	31 002 = R
33 030 = H	35 000 = C	45 013 = I	47 200 = L	55 500 = E
56 300 = U	65 001 = Ä	79 000 = V	86 900 = O	88 400 = T

1

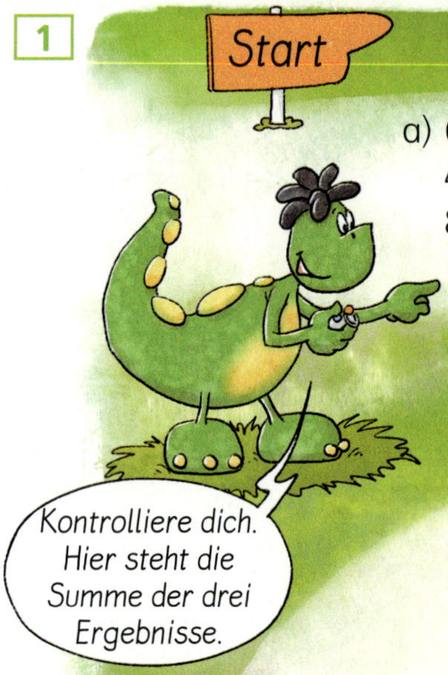

Start
Kontrolliere dich. Hier steht die Summe der drei Ergebnisse.

a) 6 · 60
4 · 80
8 · 40
1 000

b) 60 · 7
50 · 8
30 · 6
1 000

c) 10 · 40
10 · 24
10 · 36
1 000

d) 10 · 1 000
10 · 2 000
10 · 7 000
100 000

e) 7 · 6 000
2 · 2 000
6 · 9 000
100 000

f) 6 · 4 000
8 · 7 000
4 · 5 000
100 000

g) 10 · 100
10 · 300
10 · 600
10 000

h) 3 · 900
6 · 400
7 · 700
10 000

i) 4 · 700
9 · 800
0 · 100
10 000

j) 1 000 · 95
100 · 45
10 · 50
100 000

7 · 6 000 = 42 000
7 · 6 T = 42 T

3 · 900 = 2 700
3 · 9 H = 27 H

Ziel

Denke an die Helfer-aufgabe.

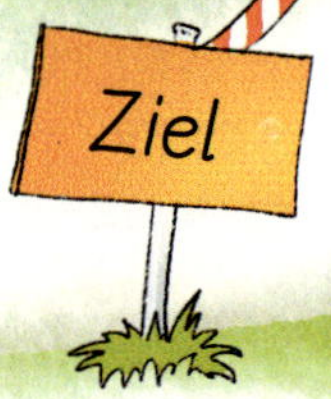

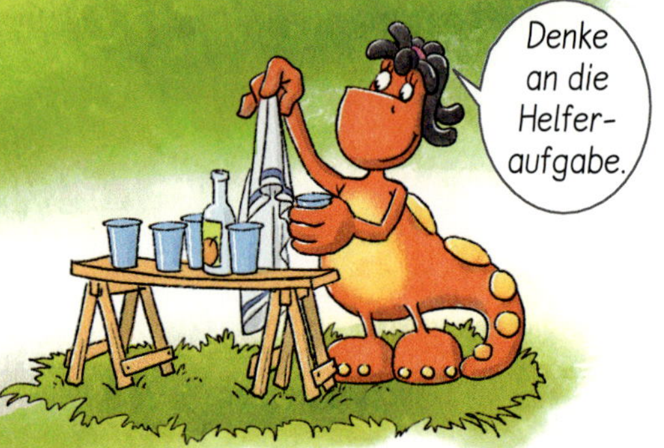

2
a) 6 · 2 000; 2 · 6 000
b) 3 · 4 000; 4 · 3 000
c) 9 · 8 000; 8 · 9 000
d) 4 · 7 000; 7 · 4 000
e) 5 · 6 000; 6 · 5 000

3
a) 8 · 200; 2 · 800
b) 5 · 300; 3 · 500
c) 3 · 900; 9 · 300
d) 8 · 600; 6 · 800
e) 9 · 700; 7 · 900

4

a)

HT	ZT	T	H	Z	E
					7
				7	0
			7	0	0
		7	0	0	0
	7	0	0	0	0

→ · 6 →

HT	ZT	T	H	Z	E
				4	2
			4	2	0
		4	2	0	0

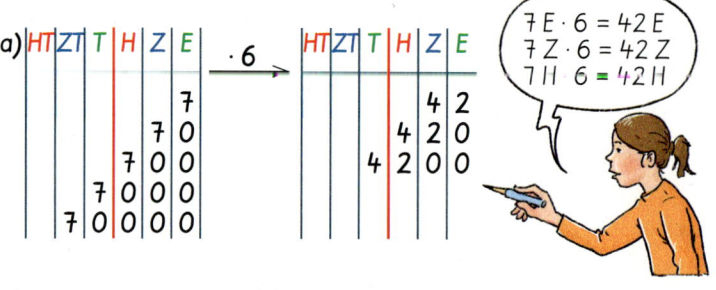

7 E · 6 = 42 E
7 Z · 6 = 42 Z
7 H · 6 = 42 H

Nutze zum Lösen die Stellenwerttafeln.

b) 6 · 8; 60 · 8; 600 · 8; 6 000 · 8; 60 000 · 8

c) 9 · 4; 90 · 4; 900 · 4; 9 000 · 4; 90 000 · 4

5
a) 4 · 8 000; 4 · 800; 4 · 8
b) 9 · 9 000; 9 · 900; 9 · 90
c) 4 · 6 000; 4 · 600; 4 · 6
d) 5 000 · 5; 500 · 5; 50 · 5
e) 9 000 · 2; 90 · 2; 900 · 2

6

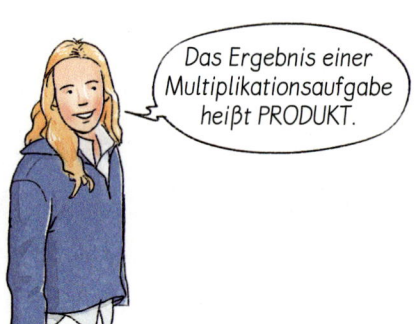

Das Ergebnis einer Multiplikationsaufgabe heißt PRODUKT.

Alle Ergebnisse haben die Quersumme 9.

a) Bilde das Produkt aus 6 000 und 9.

b) Bilde das Produkt aus 800 und 3. Addiere das Produkt aus 70 und 3.

c) Bilde das Produkt aus 600 und 7. Subtrahiere 60.

d) Bilde das Produkt aus 7 und 900.

1

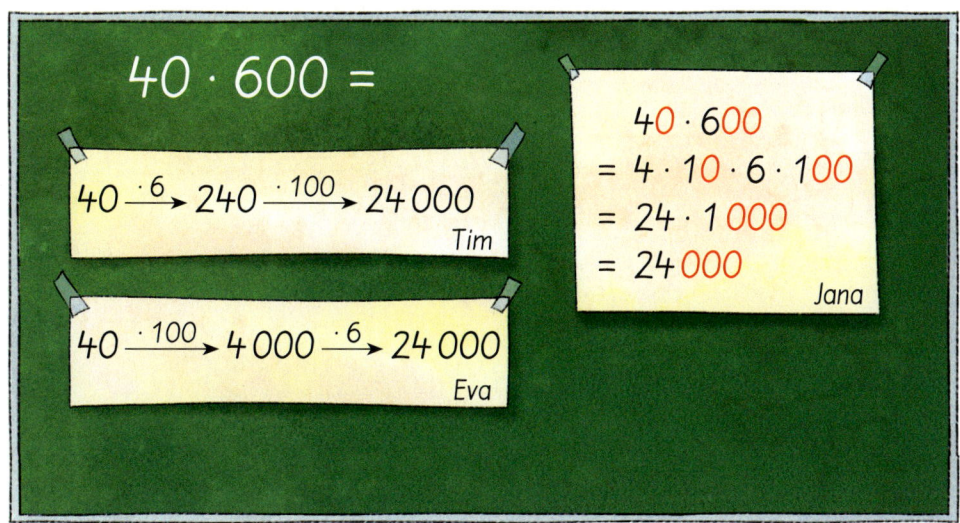

40 · 600 =

40 —·6→ 240 —·100→ 24 000
Tim

40 —·100→ 4 000 —·6→ 24 000
Eva

40 · 600
= 4 · 10 · 6 · 100
= 24 · 1 000
= 24 000
Jana

Mit dem Einmaleins fang an. Dann hänge alle Nullen an.

2 Wie rechnest du?

a) 30 · 700
   50 · 300
   80 · 200

b) 400 · 90
   600 · 70
   900 · 30

c) 70 · 500
   20 · 900
   60 · 800

d) 300 · 80
   700 · 40
   800 · 70

e) 40 · 80
   50 · 50
   80 · 90

3 a) 70 · 2 000
   60 · 4 000
   50 · 8 000

b) 20 · 5 000
   30 · 6 000
   40 · 4 000

c) 3 000 · 20
   5 000 · 40
   9 000 · 70

d) 6 000 · 60
   3 000 · 30
   2 000 · 90

e) 400 · 300
   800 · 800
   900 · 700

4 a) (10 | 50 | 100)·(100 | 500 | 1 000)
   b) (90 | 60 | 500)·(70 | 400 | 2 000)

5 a) Bilde das Produkt aus 60 und 70 und das Produkt aus 60 und 30. Addiere die beiden Ergebnisse.

b) Bilde das Produkt aus 30 und 200 und das Produkt aus 30 und 800. Addiere die beiden Ergebnisse.

c) Bilde das Produkt aus 40 und 700 und das Produkt aus 40 und 200. Subtrahiere die beiden Produkte. Kannst du zu dem Ergebnis eine Multiplikationsaufgabe mit 40 bilden?

6 Denke daran: Punktrechnung vor Strichrechnung.
Die Summe der drei Ergebnisse ist 1 Million.

a) 20 · 7 000 – 50 · 800
   70 · 6 000 – 40 · 500
   60 · 9 000 – 80 · 500

b) 90 · 9 000 – 300 · 700
   60 · 6 000 – 400 · 400
   70 · 8 000 – 900 · 400

c) 800 · 600 – 20 · 9 000
   900 · 800 – 50 · 2 000
   800 · 400 – 30 · 8 000

7 Finde möglichst viele verschiedene Multiplikationsaufgaben.

a)
| 100 000 |
| 100 · 1 000 |
| 100 · 100 · 10 |
| 500 · 20 · 10 |

b)
| 400 000 |
| 400 · 1 000 |
| 200 · 2 000 |
| 40 · 100 · 100 |

c)
| 1 000 000 |
| 1 000 · 1 000 |
| 100 · 100 · 100 |

1

Wenn es im Kopf zu schwer wird, schreibe es auf.

a) 3 · 7 000 =
3 · 7 000 = 21 000
3 · 40 = 120

a) 3 · 7 040
3 · 8 060
9 · 4 020

b) 7 · 4 005
8 · 5 003
4 · 6 009

2 Schau genau hin.

a) 4 · 6 008
4 · 6 080

b) 8 · 3 090
3 · 7 008

c) 6 · 4 070
8 · 6 004

d) 7 · 406
9 · 808

e) 8 · 910
5 · 820

2 842   4 100   7 272   7 280   21 024   24 032   24 320   24 420   24 720   42 032   48 032

3

a) 70 · 3 009
70 · 3 030

b) 50 · 5 004
90 · 2 007

c) 90 · 6 060
30 · 7 007

d) 60 · 509
30 · 810

e) 40 · 620
50 · 502

24 300   24 800   25 100   30 400   30 540   180 630   210 210   210 630   212 100   250 200   545 400

4

4 · 6 999

4 · 7 000
dann 4 · 1 weniger.

a) 4 · 6 999
5 · 4 999
8 · 1 999

b) 2 · 399
6 · 699
5 · 599

5

4 000 · 19

4 000 · 20
dann 4 000 · 1 weniger.

a) 4 000 · 19
9 000 · 19
5 000 · 29

b) 800 · 19
600 · 29
200 · 59

6 Mit Zahlenblick im Kopf oder in Schritten.

a) 2 · 5 999
3 · 4 006

b) 40 · 8 002
19 · 8 000

c) 90 · 202
19 · 700

d) 6 · 408
2 · 799

e) 40 · 602
39 · 600

1 598   2 448   11 998   12 018   13 300   18 180   23 400   24 080   152 000   180 048   320 080

7 a) (3 001 | 4 999 • 2 | 20 | 200)   b) (5 | 50 | 5 000 • 9 | 99 | 199)

8 Mit Apollo 9 in die Welt der Zahlen. Überlege zuerst, welche Zahl du tanken musst.

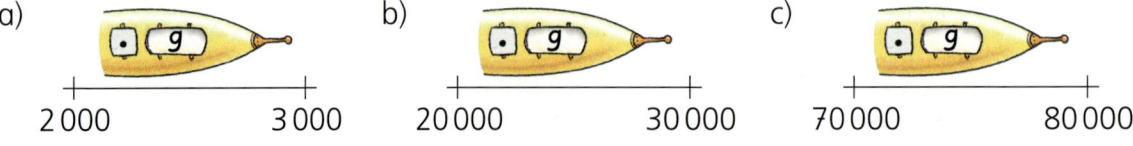

Je größer die Zahl, desto weiter fliegt die Rakete.

299   308   709   510   2 020   999   1 010   3 007

Dann rechne aus, wo du genau landest.

a) Du sollst unter 5 000 landen.

b) Du sollst über 10 000 landen.

c) Du sollst zwischen 5 000 und 10 000 landen.

9 Nun darfst du selbst passende Zahlen als Treibstoff für Apollo 9 tanken. So weit soll die Rakete fliegen. Gib drei passende Zahlen an und rechne, wo Apollo 9 genau landet.

a)   · 9   b)   · 9   c)   · 9

2 000   3 000   20 000   30 000   70 000   80 000

Jedes Mal, wenn das Herz schlägt, pumpt es das Blut kraftvoll durch die Adern. Das nennt man Pulsschlag.
Den Pulsschlag kann man mit sanftem Druck am Handgelenk oder an der Halsschlagader ertasten.

so   oder   so:

Wir zählen die Pulsschläge 15 Sekunden lang. In einer Minute sind es dann viermal so viele.

	Pulsschläge in 15 s	Pulsschläge in 1 min
Fatma	23	
Annika	25	
Kerem	27	

1 a) Miss deinen Pulsschlag 15 Sekunden lang.
Wie oft schlägt dein Herz in einer Minute?

b) Mache zwanzig Kniebeugen.
Wie oft schlägt dein Herz jetzt in einer Minute?

2 Das Herz eines Kindes schlägt etwa 100mal pro Minute, bei Erwachsenen schlägt es etwa 60mal pro Minute.

a) Wie oft schlägt das Herz eines Kindes etwa am Tag?
Beachte:
1 Tag = 24 Stunden

Zeit	Herzschläge
1 Minute	100
10 Minuten	
1 Stunde	
10 Stunden	
20 Stunden	
4 Stunden	
1 Tag	

b) Lilo meint:
„In einer Woche schlägt mein Herz ungefähr 1 Million Mal."
Stimmt das?

c) Wie oft schlägt das Herz eines Erwachsenen etwa am Tag?

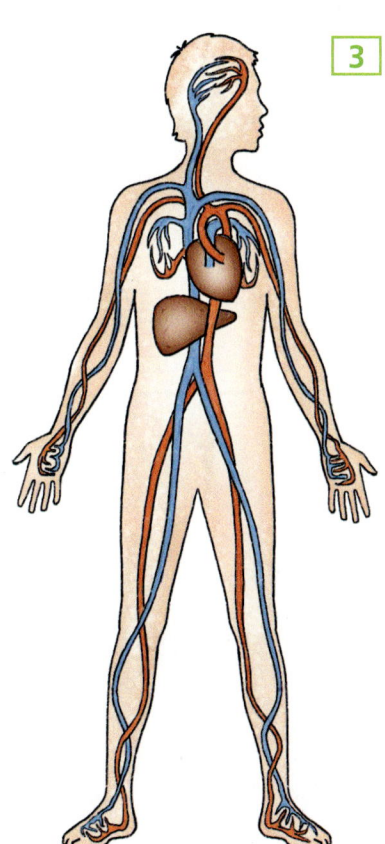

3 Ein Erwachsener hat etwa 5 Liter Blut in seinem Körper.
Das Herz arbeitet wie eine Pumpe, die pro Minute 5 Liter Blut pumpen kann.

a) Wie viel Liter Blut pumpt das Herz etwa am Tag?

Zeit	Blutmenge
1 Minute	5 Liter
10 Minuten	■ Liter
1 Stunde	
10 Stunden	
20 Stunden	
4 Stunden	
1 Tag	

b) Wie viel Liter Blut pumpt das Herz etwa in einer Woche?

c) Wie viel Liter Blut pumpt das Herz etwa in einem Monat (30 Tage)?

1

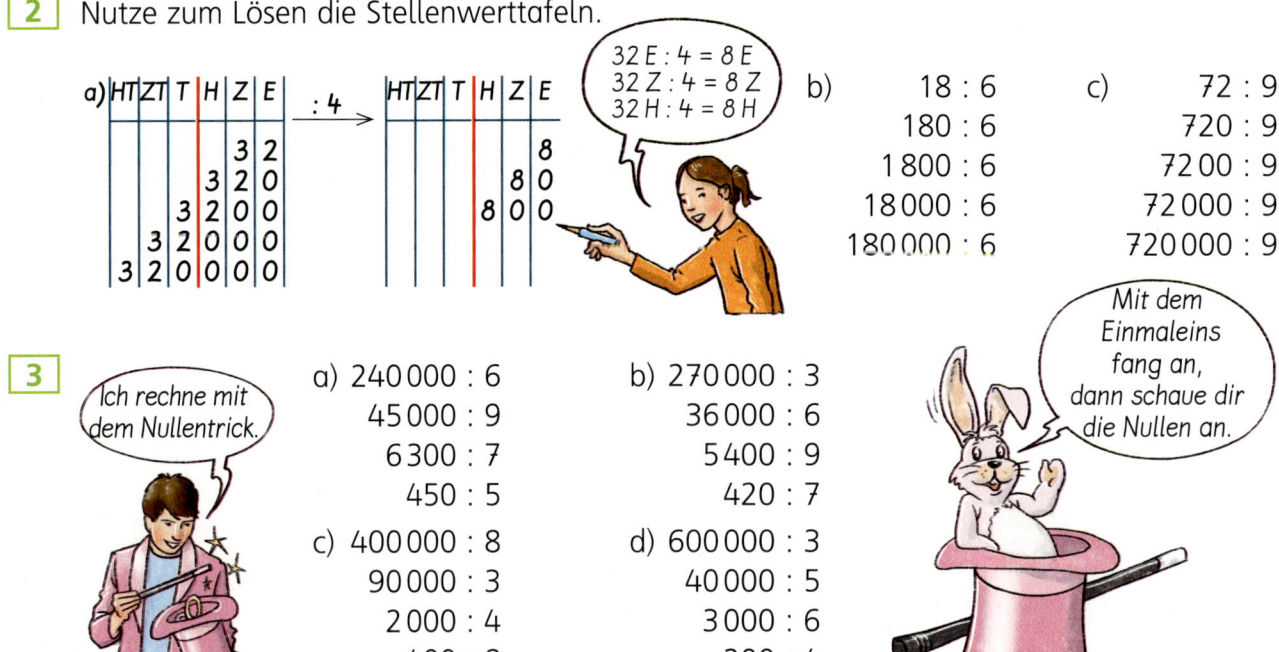

Trimm dich-Pfad

$20\,000 : 10 = 2\,000$
$20\,T : 10 = 2\,T$

Kontrolliere dich. Hier steht die Summe der drei Ergebnisse.

a) 180 : 9
120 : 4
350 : 7
100

b) 320 : 8
540 : 9
600 : 6
200

c) 1 000 : 10
700 : 10
1 300 : 10
300

d) 20 000 : 10
60 000 : 10
70 000 : 10
15 000

e) 8 T : 4
81 T : 9
28 T : 7
15 T

f) 25 000 : 5
12 000 : 4
42 000 : 6
15 000

g) 14 000 : 2
36 000 : 9
45 000 : 5
20 000

$8\,000 : 4 = 2\,000$
$8\,T : 4 = 2\,T$

h) 16 H : 4
63 H : 9
36 H : 4
20 H

$1600 : 4 = 400$
$16\,H : 4 = 4\,H$

i) 2 800 : 7
6 400 : 8
2 400 : 3
2 000

Denke an die Helferaufgabe.

j) 7 200 : 9
1 600 : 8
10 000 : 10
2 000

Ziel

2 Nutze zum Lösen die Stellenwerttafeln.

a)

HT	ZT	T	H	Z	E
				3	2
			3	2	0
		3	2	0	0
	3	2	0	0	0
3	2	0	0	0	0

: 4 →

HT	ZT	T	H	Z	E
					8
				8	0
			8	0	0

32 E : 4 = 8 E
32 Z : 4 = 8 Z
32 H : 4 = 8 H

b) 18 : 6
180 : 6
1 800 : 6
18 000 : 6
180 000 : 6

c) 72 : 9
720 : 9
7 200 : 9
72 000 : 9
720 000 : 9

Mit dem Einmaleins fang an, dann schaue dir die Nullen an.

3 Ich rechne mit dem Nullentrick.

a) 240 000 : 6
45 000 : 9
6 300 : 7
450 : 5

b) 270 000 : 3
36 000 : 6
5 400 : 9
420 : 7

c) 400 000 : 8
90 000 : 3
2 000 : 4
400 : 8

d) 600 000 : 3
40 000 : 5
3 000 : 6
200 : 4

4

3 600
24 000
120 000
300

a) Berechne den sechsten Teil. Die Summe der vier Ergebnisse ist 24 650.

b) Berechne den dritten Teil. Die Summe der vier Ergebnisse ist 49 300.

c) Berechne den zehnten Teil. Die Summe der vier Ergebnisse ist 14 790.

d) Berechne den vierten Teil. Die Summe der vier Ergebnisse ist 36 975.

1

Wenn es im Kopf zu schwer wird, schreibe es auf.

a) 1 2 0 3 0 : 6 =
   1 2 0 0 0 : 6 = 2 0 0 0
        3 0 : 6 =
                        5

a) 12 030 : 6
   25 020 : 5
   27 063 : 3

b) 1 208 : 2
    4 509 : 9
    1 414 : 7

2 Schau genau hin.

a) 6 009 : 3   b) 40 020 : 5   c) 40 400 : 8   d) 22 008 : 2   e) 35 070 : 7
   6 090 : 3   40 200 : 5   40 040 : 8   20 028 : 2   70 350 : 7

2 003   2 030   5 005   5 010   5 050   8 004   8 040   10 014   10 005   10 050   11 004

3 a) 3 900 : 3   b) 50 100 : 5   c) 20 300 : 5   d) 66 000 : 6   e) 10 050 : 2
     3 200 : 4   60 300 : 3   20 500 : 2   70 000 : 5   40 100 : 4

800   1 300   4 060   5 025   10 020   10 025   10 050   10 250   11 000   14 000   20 100

4 Schau genau hin.

a) 540 060 : 6   b) 450 090 : 9   c) 700 140 : 7   d) 200 060 : 4
   540 600 : 6   450 900 : 9   701 400 : 7   200 600 : 4
   546 000 : 6   459 000 : 9   714 000 : 7   206 000 : 4

50 010   50 015   50 100   50 150   51 000   51 500   52 000   90 010   90 100   91 000   100 020   100 200   102 000

5 a) 240 030 : 3   b) 240 040 : 8   c) 200 150 : 5   d) 540 054 : 9
     240 300 : 6   240 040 : 4   200 016 : 4   300 600 : 3
     180 018 : 3   240 400 : 8   200 400 : 4   350 049 : 7

30 005   30 050   40 030   40 050   50 004   50 007   50 100   60 006   60 006   60 010   60 060   80 010   100 200

6

Das Ergebnis einer Divisionsaufgabe heißt QUOTIENT.

Alle Ergebnisse haben die Quersumme 9.

a) Bilde den Quotienten aus 54 000 und 6.

b) Bilde den Quotienten aus 2 106 und 3.

c) Bilde den Quotienten aus 42 000 und 7. Subtrahiere 600.

d) Bilde den Quotienten aus 18 000 und 6. Addiere den Quotienten aus 5 400 und 9.

7  1 500   2 400   3 600    4 200   6 000

3 600 durch 4 passt nicht.

3 600 durch 3 passt.

a) Wähle eine Zahl. Teile sie durch 3 und teile sie durch 4. Rechne nur die Aufgaben, bei denen der Quotient größer als 1 000 ist. Es gibt fünf Aufgaben.

   1 050   1 200   1 400   1 500   2 000

b) Wähle eine Zahl. Teile sie durch 2 und teile sie durch 6. Der Quotient soll kleiner als 1 000 sein. Es gibt fünf Aufgaben.

   250   400   600   700   750

1 Durch 10 und durch 100 dividieren ist leicht.

a)
HT	ZT	T	H	Z	E
			3	0	0
		3	0	0	0
	3	0	0	0	0
3	0	0	0	0	0

: 10 →

HT	ZT	T	H	Z	E
				3	0

b)
HT	ZT	T	H	Z	E
			4	0	0
		4	0	0	0
	4	0	0	0	0
4	0	0	0	0	0

: 100 →

HT	ZT	T	H	Z	E
					4

2
a) 70 000 : 10
6 000 : 10
500 : 10
4 000 : 10

b) 20 000 : 100
3 000 : 100
400 : 100
70 000 : 100

c) 50 000 : 10
55 000 : 10
50 500 : 10
55 500 : 10

d) 80 000 : 100
81 000 : 100
80 100 : 100
81 100 : 100

e) 100 000 : 10
110 000 : 10
101 000 : 10
100 100 : 10

3

24 000 : 600

$24\,000 \xrightarrow{:100} 240 \xrightarrow{:6} 40$

$24\,000 \xrightarrow{:6} 4\,000 \xrightarrow{:100} 40$

Wie rechnest du?

a) 24 000 : 600
32 000 : 400
49 000 : 700

b) 3 600 : 900
4 500 : 500
2 000 : 400

c) 120 000 : 200
350 000 : 700
630 000 : 900

d) 64 000 : 80
27 000 : 30
18 000 : 90

e) 1 600 : 40
2 400 : 30
4 200 : 60

f) 100 000 : 50
200 000 : 40
300 000 : 30

4

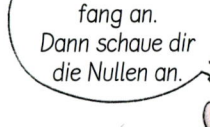

Mit dem Einmaleins fang an. Dann schaue dir die Nullen an.

a) 1 800 : 300
8 000 : 400
4 000 : 200
3 500 : 700

b) 36 000 : 900
72 000 : 800
22 000 : 200
24 000 : 300

c) 280 000 : 400
810 000 : 900
400 000 : 800
360 000 : 600

d) 1 600 : 20
6 000 : 30
2 000 : 40
1 800 : 90

e) 21 000 : 70
10 000 : 50
60 000 : 20
18 000 : 60

f) 400 000 : 80
800 000 : 40
600 000 : 60
300 000 : 50

5 Halbieren ist leicht. Achte auf die Nullen.

a)

10 000 | 30 000 (:) 2 | 20 | 200

b) 280 000 | 500 000 (:) 2 | 200 | 2 000

6
a) *Bilde den Quotienten aus 49 000 und 700 und den Quotienten aus 9 000 und 300. Addiere die beiden Ergebnisse.*

b) *Bilde die Summe aus 2 200 und 1 400, dann dividiere die Summe durch 600. Bilde das Produkt aus 60 und 400, dann dividiere das Produkt durch 800. Addiere die beiden Ergebnisse.*

7 Denke daran: Punktrechnung vor Strichrechnung. Die Summe der drei Ergebnisse ist 1 000.

a) 40 000 : 50 – 6 000 : 30
32 000 : 80 – 4 800 : 40
18 000 : 90 – 5 600 : 70

b) 250 000 : 500 – 30 000 : 600
140 000 : 700 – 63 000 : 900
450 000 : 900 – 64 000 : 800

c) 48 000 : 80 – 80 000 : 400
18 000 : 60 – 12 000 : 300
28 000 : 70 – 54 000 : 900

d) 30 000 : 500 + 48 000 : 800
350 000 : 700 + 27 000 : 900
240 000 : 800 + 30 000 : 600

1 In fast 400 000 km Höhe
umkreist der a) ▬▬▬ unsere Erde.
Für eine Runde braucht er 29,5 b) ▬▬▬.

a) 27 300 + 600
    90 700 + 209
      9 999 + 21
    20 001 + 99

b) 5 100 − 5 040
     9 100 − 9 010
    75 000 − 4 300
    30 000 − 6 000

2 Auf der Mondoberfläche gibt es a) ▬▬▬
und viele b) ▬▬▬.
Die Temperaturen schwanken zwischen + 100 °C
und −170 °C. Es gibt keine Luft zum c) ▬▬▬.

a) 4 000 · 9
   300 : 5
   540 : 6
 3 600 : 9
 2 200 · 4

b) 3 090 : 30
   500 · 90
 7 200 : 80
 4 200 : 70
   400 · 60
   900 · 50

c) 1 800 : 20
 4 800 : 80
 9 300 · 3
 8 000 · 3
 5 010 · 2

3 Astronauten konnten aber in besonderen
Raumanzügen den Mond betreten.
Die ersten a) ▬▬▬ auf dem Mond
waren am 20. Juli 1969
Neil Armstrong und Edwin Aldrin.

Als Armstrong den Mond betrat, sagte er:
„Es ist ein kleiner Schritt für einen Menschen,
aber ein großer Schritt für die Menschheit."
Da auf dem Mond kein b) ▬▬▬ weht,
sind die Fußspuren, die Armstrong damals
im Mondstaub hinterließ, bis heute nicht verweht.

a) 7 000 · 4 −   100
   5 000 · 5 − 1 000
   2 500 · 4 +   20
   9 100 · 4 −   400
   3 600 : 60 +   300
   7 200 : 8 −   700
     700 · 30 + 3 000
     500 · 20 +   20

b) 5 000 + 3 · 3 000
   9 000 − 5 ·   900
   4 020 + 3 · 2 000
 21 000 − 3 ·   300

60 = T   90 = A   103 = K   200 = H   360 = C   400 = U   4 500 = I
8 800 = B   10 020 = N   14 000 = W   20 100 = D   24 000 = E
27 900 = M   36 000 = S   45 000 = R   70 700 = G   90 909 = O

1 Die Römer schrieben die Zahlen anders als wir. Setze fort bis 30.

2 Wo habt ihr römische Zahlzeichen schon einmal gesehen? Erzählt.

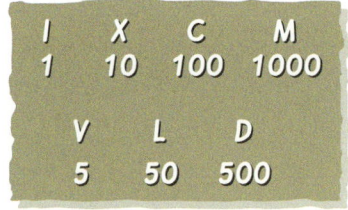  

3 Regeln
- Steht ein kleineres Zahlzeichen hinter einem größeren, wird addiert.
- Steht ein kleineres Zahlzeichen vor einem größeren, wird subtrahiert.
- Jedes Zahlzeichen darf nur dreimal hintereinander vorkommen.

Welche Zahlen sind das?

a) VII   XII   CLXX   DL   MMX   LV   CCCXVII

b) IV   XIX   XLII   CDIX   XCIV   CMXC   IX

c) Tobias hat römische Zahlen geschrieben. Einige sind falsch. Schreibe sie richtig.
   IIII   VIIII   XXXX   VI   LXXXX   DCCCC   XXXIII

4 Welche Zahlen in unserer und in der römischen Schreibweise gehören zusammen?

LIX   59   XCV   49   DXL   95   CMIV
99   XLIX   540   XCIX   460   CDLX   904

5 Wann sind diese Gebäude gebaut worden?

| MDCCIV | MDCCCLIX | MCCCLXVII | MCMIX | MCDXCII |

1367   1492   1704   1859   1909   2005

6 Schreibe dein Geburtsjahr in römischen Zahlen.

1 Wie spät ist es auf den Uhren an den Gebäuden?

2 Wie spät ist es? Schreibe immer zwei Uhrzeiten auf.

a) 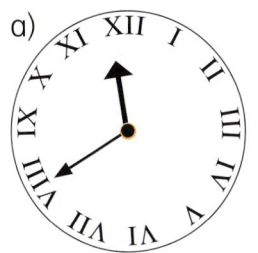   b) 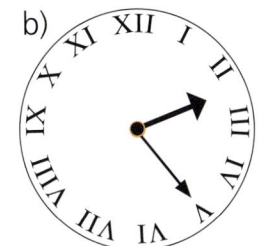   c) 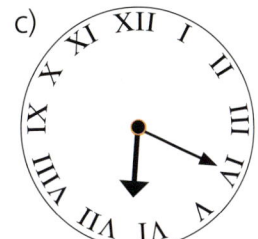   d)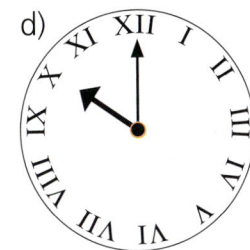

3 Was bedeuten die Schilder?

a)    b)

4 Römische Zahlenmauern

5 Zum Knobeln: Wenn du ein Hölzchen umlegst, ist die Rechnung richtig.

a) V + III = VI   b) XI − IX = XXI   c) XI + X = II

6 Lege mit Hölzchen römische Zahlzeichen. Welche Zahlen kannst du legen
a) mit zwei Hölzchen,   b) mit drei Hölzchen,   c) mit vier Hölzchen?

7
a)	b)	c)	d)
48 − 8 · 5	9 · 5 − 37	116 + 4 · 5	42 : 6 + 56 · 7
24 : 3 + 69	27 + 35 : 7	350 − 50 : 5	8 : 8 + 8 · 8
60 + 80 : 8	77 − 56 : 8	8 · 100 − 210	99 − 20 · 2 + 11
3 · 50 − 50	84 + 3 · 70	400 : 4 − 91	80 + 80 : 4 − 100

1 Familie Müller ist umgezogen, Papa, Mama, Lara, Niklas, Annika und Max.
Sie überlegen sich nun, wie lang ihre neuen Wege sind.

Zu Oma Inge sind es jetzt nur noch 2½ km.

Meine neue Arbeitsstelle ist 7,2 km entfernt.

Ich kann meinen Kindergarten von zu Hause aus sehen. Mama sagt, er ist nur 200 m weit weg.

Mein neuer Schulweg ist 800 m lang.

Mein neuer Schulweg ist 5 km lang.

Papa   Mama

Max

Meine neue Schule ist nur 1½ km weit weg.

Niklas

Annika   Lara

a) Hier sind Entfernungen dargestellt.
   Ordne die Buchstaben
   den Familienmitgliedern zu.
   Achtung: Es bleiben Buchstaben übrig!

b) Wer hat den weitesten, wer den kürzesten Weg?
   Ordne die Wege der Familienmitglieder nach der
   Länge. Beginne mit dem kürzesten Weg.

1 km = 1000 m
½ km =   500 m
1,5 km = 1 km 500 m = 1500 m

A   B   C   D E   F   G   H   I   J   K   L

0   1000 m   5000 m

2 a) Überlegt, wer von Familie Müller sein Ziel zu Fuß, mit dem Rad, mit dem Bus
   oder mit dem Auto erreichen kann. Notiert eure Überlegungen ins Heft.

b) Wie ist das in euren Familien?

3 Schreibe zu allen Buchstaben aus Aufgabe 1 die passende Länge auf zwei Arten.
Schreibe so: A: | 2 | 0 | 0 | m | = | 0 | k | m | 2 | 0 | 0 | m |

4 Wie viel Meter sind es?   2 km   10 km   6 km   ½ km   3½ km   8½ km

1 Tom, Kaja und Hannah messen mit dem Fahrradtacho ihre Schulwege ab. Wer hat den weitesten Schulweg?

	km	100 m	10 m	1 m
Tom	1	4	0	0
Kaja	1	0	4	0
Hannah	1	0	0	4

Kaja 1,04 km

Hannah 1,004 km

Tom 1,4 km

2 Wie viel Kilometer und Meter sind es? Trage in eine Stellenwerttafel ein.

1,785 km   1,5 km   2,77 km   2,007 km   0,8 km

2,3 km   1,05 km   3,303 km   3,858 km   0,03 km

km			m
1	7	8	5
2	3	0	0

3 Schreibe die Angaben von Aufgabe 2 auf drei verschiedene Weisen.

Schreibe so: 1,785 km = 1 km 785 m = 1785 m

4 Schreibe auf drei verschiedene Weisen. a) 1,378 km = 1 km 378 m = 1378 m

a)	1,378 km	1 km 378 m	1378 m
b)	■	9 km 235 m	■
c)	6,703 km	■	■
d)	■	■	7076 m

e)	■	■	3250 m
f)	■	7 km 80 m	■
g)	0,3 km	■	■
h)	■	4 km 6 m	■

5 Schreibe in Kommaschreibweise.

a) 5 km 700 m   b) 3 km 99 m   c) 2380 m   d) 4500 m   e) $\frac{1}{2}$ km

   5 km 70 m   4 km 60 m   5080 m   300 m $2\frac{1}{2}$ km

   5 km 7 m   7 km 800 m   9004 m   70 m $5\frac{1}{2}$ km

6 Ordne nach der Länge. Beginne mit der kleinsten Länge.

a) 9 km   900 m   99 km   99 m   b) 8,88 km   808 m   8,8 km   80 m

c) 3,7 km   370 m   37 km $3\frac{1}{2}$ km   d) 4,05 km   45 km   4,5 km   450 m

7 Am Parkplatz steht eine Informationstafel. Mit der Karte lassen sich Wanderungen gut planen. Wie lang sind die Wanderwege? Wie viel Meter? Wie viel Kilometer?

a) Zum Tiergehege und zurück!

b) Zum Tiergehege und über den Wasserfall zurück.

c) Parkplatz – See – Burg – Wasserfall – Tiergehege – Parkplatz.

Alicia   Paul   Herr Ebeling

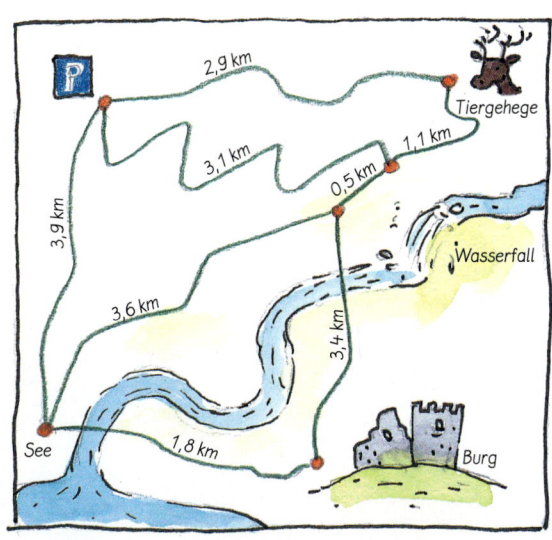

2,9 km   3,1 km   1,1 km   0,5 km   3,9 km   3,6 km   3,4 km   1,8 km   Tiergehege   Wasserfall   See   Burg   P

1 Setze ein: Kilometer (km), Meter (m), Zentimeter (cm) oder Millimeter (mm).

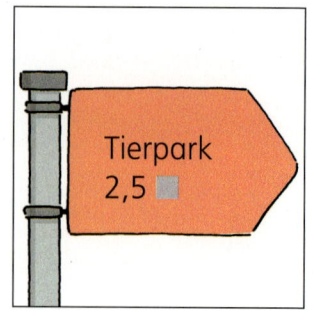  

1 km	= 1000 m
1 m	= 100 cm
1 cm	= 10 mm

2 Trage in die richtige Stellenwerttafel ein.

a)
km			m
3	5	0	0

b)
m		cm
3	5	0

c)
cm	mm
3	5

3,5 km	3,5 m	3,5 cm	3,55 km	3,55 m	3,055 km	3,05 km
3,05 m	3,555 km	3,0 km	3,0 m	3,0 cm	0,35 km	0,35 m
0,3 m	0,5 cm	4,75 km	5,0 cm	5,3 cm	5,07 m	5,35 m

3 Schreibe die Angaben von Aufgabe 2 auf drei verschiedene Weisen.

Schreibe so: $3,5\ km = 3\ km\ 500\ m = 3500\ m$

4
a) Wie viel Meter sind es?   3,2 km   2,5 km   0,5 km   0,1 km
b) Wie viel Zentimeter sind es?   2,7 m   3,5 m   0,5 m   0,2 m
c) Wie viel Millimeter sind es?   4,3 cm   2,1 cm   0,5 cm   0,3 cm

5
a) $\frac{1}{2}$ km = ■ m $\frac{1}{2}$ m = ■ cm $\frac{1}{2}$ cm = ■ mm
b) $1\frac{1}{2}$ km = ■ m $1\frac{1}{2}$ m = ■ cm $1\frac{1}{2}$ cm = ■ mm

6 Schreibe auf drei verschiedene Weisen. $a)\ 2,38\ m = 2\ m\ 38\ cm = 238\ cm$

a)	2,38 m	2 m 38 cm	238 cm
b)	■	4 m 50 cm	■
c)	■	■	507 cm
d)	13,8 m	■	■

e)	4,7 cm	■ cm ■ mm	■ mm
f)	■	3 cm 2 mm	■
g)	■	■	8 mm
h)	12,4 cm	■	■

7 Neun Angaben, aber nur drei verschiedene Längen.

a) 350 mm   3,5 m   3 m 50 cm
350 cm   35 mm   0,35 m
3,5 cm $3\frac{1}{2}$ cm   35 cm

b) 7 m 5 cm   0,75 m   7,05 m
75 cm   75 mm $\frac{3}{4}$ m
705 cm $7\frac{1}{2}$ cm   7,5 cm

8 Kann das sein?

a) Bei den Bundesjugendspielen ist Jana 290 cm weit gesprungen.

b) Noah ist beim Dauerlauf in 10 Minuten 9375 m gelaufen.

c) Eric hat beim 1. Wurf 6,50 m, beim 2. Wurf 7 m 25 cm und beim 3. Wurf 2,46 km weit geworfen.

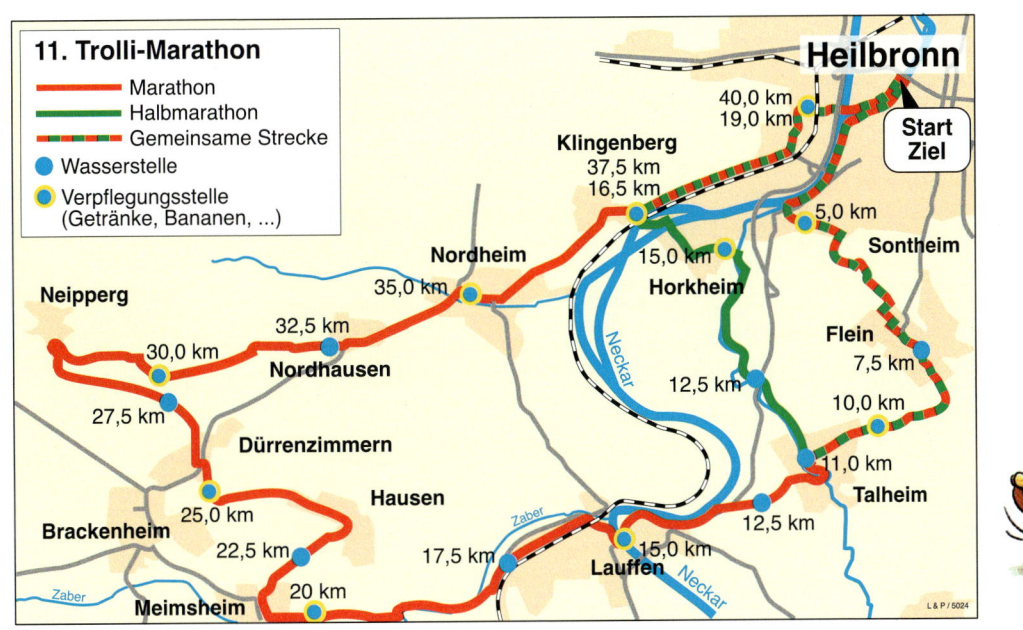

11. Trolli-Marathon
- Marathon
- Halbmarathon
- Gemeinsame Strecke
- Wasserstelle
- Verpflegungsstelle (Getränke, Bananen, ...)

Heilbronn
Start Ziel

Ich laufe den Trolli.

1 Von Klingenberg aus müssen die Marathonläufer noch 4695 m bis zum Ziel laufen. Wie lang ist die Marathonstrecke?

2 Von Horkheim aus müssen die Läufer des Halbmarathons noch 6097 bis zum Ziel laufen. Wie lang ist die Halbmarathon-Strecke?

3 a) Durch welche Orte kommen die Marathonläufer?
b) Wie weit müssen die Marathonläufer von Talheim bis nach Nordhausen laufen?

4 a) Durch welche Orte kommen die Läufer des Halbmarathons?
b) Wie weit ist es für die Läufer des Halbmarathons von Flein bis Horkheim?

5 In Lauffen überqueren die Marathonläufer den Neckar. Wie weit ist es, bis sie den Neckar in Klingenberg wieder sehen?

6 a) Herr Schnell schafft in vier Minuten durchschnittlich 1 km. Wie lange braucht er für den Marathon?
b) Frau Röll schafft in fünf Minuten durchschnittlich 1 km. Wie lange braucht sie für den Marathon?

Rechne mit 42 Kilometern.

7 Herr Eberle schafft 10 km in der Stunde. Nach dreieinhalb Stunden gibt er auf. In welchem Ort hat er aufgehört?

F

8

Viele Schritte
Wie viele Schritte würdest du beim Marathon machen?

Tipp:
Überlege zunächst, wie viele Schritte du für 100 m brauchst.

8 Fermi-Aufgabe: Offene Sachsituation. Kinder sammeln Daten, gehen eigene Lösungswege und können zu individuellen Ergebnissen kommen.

Schriftliches Multiplizieren

1 Welche Aufgaben kannst du schon lösen?

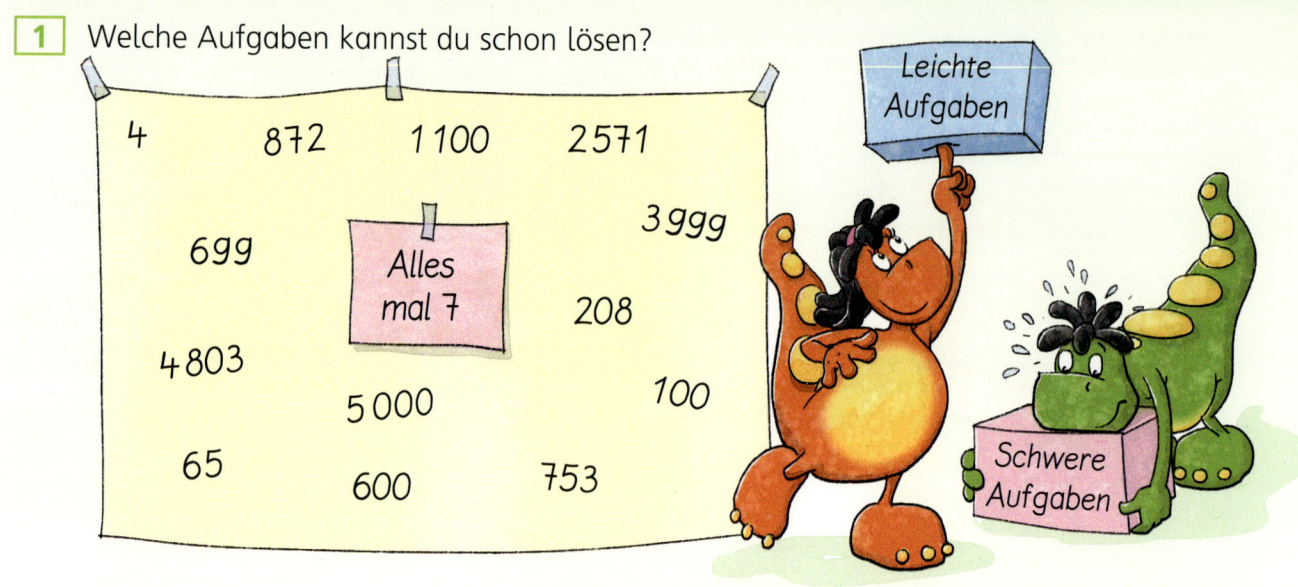

4
872
1 100
2571
3999
699
Alles mal 7
208
4803
5000
100
65
600
753
Leichte Aufgaben
Schwere Aufgaben

2

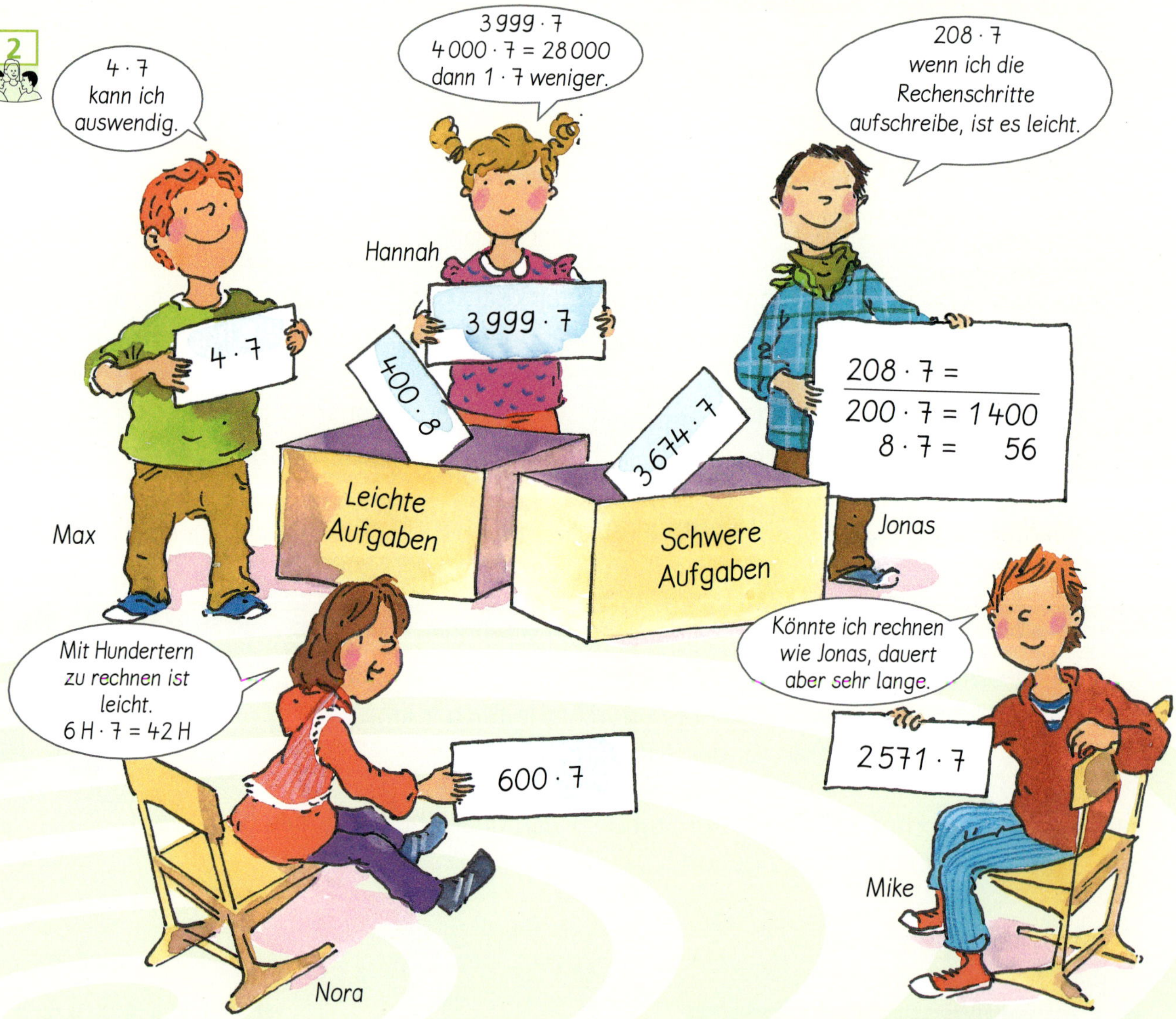
4 · 7 kann ich auswendig.
3999 · 7
4000 · 7 = 28000
dann 1 · 7 weniger.
208 · 7
wenn ich die Rechenschritte aufschreibe, ist es leicht.
Hannah
4 · 7
3999 · 7
400 · 8
3674 · 7
208 · 7 =
200 · 7 = 1400
8 · 7 = 56
Leichte Aufgaben
Schwere Aufgaben
Max
Jonas
Mit Hundertern zu rechnen ist leicht.
6 H · 7 = 42 H
Könnte ich rechnen wie Jonas, dauert aber sehr lange.
600 · 7
2571 · 7
Mike
Nora

3 Welche Aufgaben kannst du lösen? Rechne nur die leichten Aufgaben.

a)	b)	c)	d)	e)
800 · 3	199 · 8	3 100 · 3	9238 · 4	1 110 · 9
567 · 5	402 · 2	7186 · 6	5000 · 6	5756 · 8
222 · 4	873 · 9	3080 · 7	4010 · 2	4097 · 7

804 888 899 1 592 2 400 2 835 7 857 8 020 9 300 9 990 21 560 28 679 30 000 36 952 43 116 46 048

1 Zahlix und Zahline rechnen die Aufgabe 648 · 4 auf verschiedene Weisen. Erkläre.

Zuerst die Einer,

dann die Zehner,

dann die Hunderter.

So geht es kürzer.

2
a) 857 · 3   b) 742 · 7   c) 693 · 4   d) 297 · 5

e) 1785 · 5   f) 2368 · 7   g) 8936 · 8   h) 9643 · 6

1485   2571   2772   5194   8925   16576   34624   57858   71488

3
a) 938 · 6   b) 325 · 9   c) 1258 · 6   d) 1179 · 7   e) 5897 · 8
   587 · 7   874 · 8   2358 · 8   2587 · 3   9912 · 2

2925   4109   5628   6992   7548   7761   8253   18864   19824   35382   47176

4
a) 9481 · 7   b) 7819 · 9   c) 12879 · 6   d) 23874 · 4   e) 32598 · 3
   8186 · 5   8736 · 6   48713 · 2   19237 · 5   11987 · 7

40930   52416   66367   70371   76432   77274   83909   95496   96185   97426   97794

5 Achte beim Multiplizieren auf die Nullen!

a) 2004 · 7   2004 · 7   b) 6140 · 6   c) 4095 · 7   d) 10360 · 8
   8509 · 4   14028   3410 · 7   3501 · 9   15007 · 4
   9100 · 6   4980 · 8   6308 · 5   14080 · 5

14028   23870   28665   31509   31540   34036   36840   39840   50310   54600   60028   70400   82880

6 Zahlix hat Zahlen ausgewischt.

a) ▦487 · 4   b) ▦407 · 8   c) ▦658 · 7   d) ▦096 · 6   e) ▦804 · 9
   9▦▦▦   11▦▦▦   25▦▦▦   2▦▦▦▦   3▦▦▦▦

7
a) Verdopple 3552. Berechne davon das Sechsfache.

b) Berechne das Neunfache von 1184. Vervierfache das Produkt.

c) Berechne das Achtfache von 1776. Verdreifache das Produkt.

1 Immer zwei Fehler-Aufgaben gehören in eine Schublade.
Überprüfe und ordne zu. Dann rechne richtig.

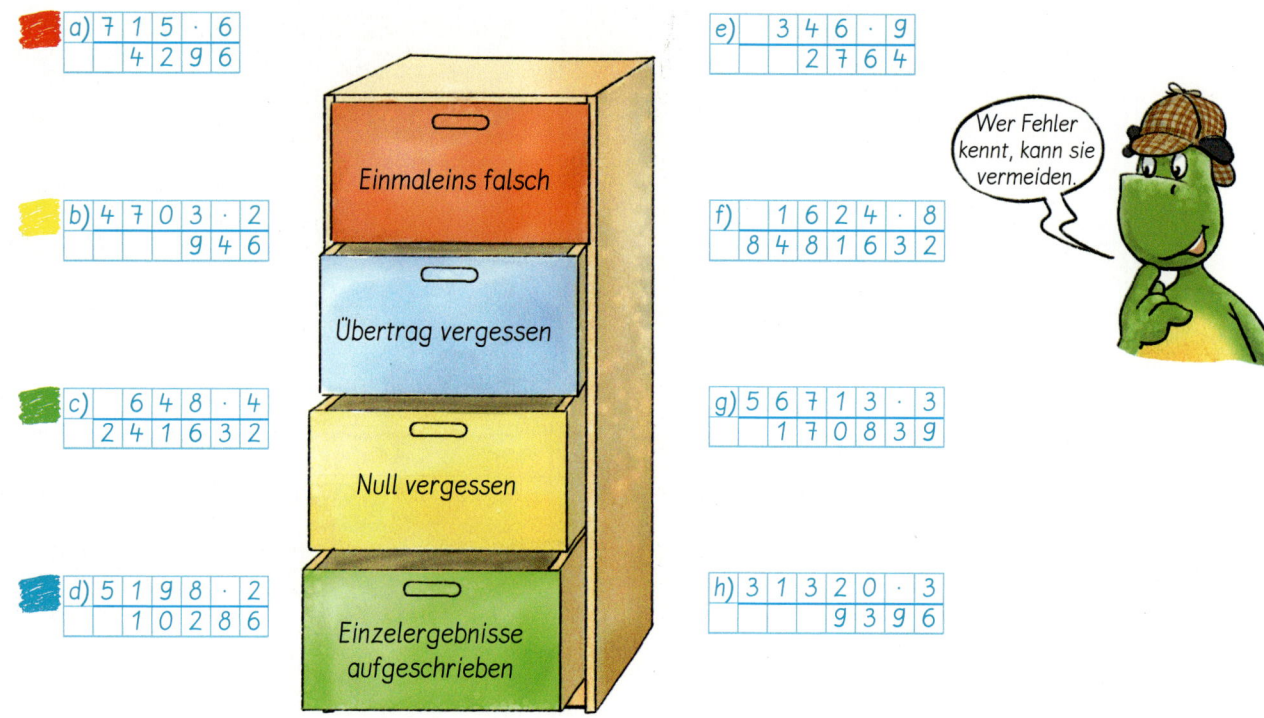

a) 7 1 5 · 6 = 4 2 9 6

b) 4 7 0 3 · 2 = 9 4 6

c) 6 4 8 · 4 = 2 4 1 6 3 2

d) 5 1 9 8 · 2 = 1 0 2 8 6

e) 3 4 6 · 9 = 2 7 6 4

f) 1 6 2 4 · 8 = 8 4 8 1 6 3 2

g) 5 6 7 1 3 · 3 = 1 7 0 8 3 9

h) 3 1 3 2 0 · 3 = 9 3 9 6

Einmaleins falsch

Übertrag vergessen

Null vergessen

Einzelergebnisse aufgeschrieben

Wer Fehler kennt, kann sie vermeiden.

2 Drei Aufgaben sind falsch gerechnet. In welche Schublade gehören sie? Rechne richtig.

a) 7 0 3 9 · 4 = 2 8 5 6 b) 9 5 0 9 · 3 = 2 7 5 0 7 c) 8 1 6 7 · 5 = 4 0 8 3 0 d) 5 4 7 2 · 4 = 2 1 8 8 8

3

a) 9 324 · 5	b) 6 274 · 2	c) 1 919 · 8	d) 45 668 · 2	e) 14 622 · 6
6 337 · 9	9 643 · 5	13 540 · 4	11 734 · 7	22 398 · 3

12 548   15 352   46 620   47 235   48 215   54 160   57 033   67 194   82 138   87 732   91 336

4 Alle Produkte haben die Quersumme 18.

a) 5 014 · 9	b) 6 504 · 6	c) 1 806 · 6	d) 12 609 · 5	e) 15 768 · 3
7 203 · 3	9 765 · 8	8 008 · 9	11 181 · 3	87 831 · 4
5 643 · 4	6 038 · 9	8 253 · 5	41 169 · 9	83 622 · 6

5 Bilde aus den Ziffern eine vierstellige Zahl und multipliziere sie mit der fünften Ziffer.

3 4 6 7 9

a) Finde fünf Ergebnisse unter 20 000. b) Finde fünf Ergebnisse über 60 000.
c) Finde das kleinste Ergebnis. d) Finde das größte Ergebnis.

6 Bilde aus den Ziffern eine vierstellige Zahl und multipliziere sie mit der fünften Ziffer.

0 2 3 5 8

a) Finde fünf Ergebnisse unter 20 000. b) Finde fünf Ergebnisse über 40 000.
c) Finde das kleinste Ergebnis. d) Finde das größte Ergebnis.

7 In der Schokoladenfabrik werden 683 Schachteln mit Pralinen gefüllt.
In jeder Schachtel sind 8 Pralinen.

1

2 Überschlage erst, dann rechne genau.

a) 687 · 4
815 · 7
289 · 8

b) 3 122 · 9
5 771 · 3
1 034 · 4

c) 3 916 · 5
7 146 · 6
6 793 · 2

d) 10 123 · 3
15 217 · 4
19 921 · 2

2 312   2 748   4 136   5 705   13 586   17 313   19 580   28 098   30 369   32 469   39 842   42 876   60 868

3 In jedem Päckchen sind zwei Ergebnisse falsch. Überschlage wie Zahlix und Zahline. Schreibe die richtigen Ergebnisse auf.

a) 695 · 7 = 4 865
298 · 6 = 1 988
787 · 8 = 6 496
385 · 5 = 1 925

b) 523 · 7 = 3 661
632 · 6 = 3 792
919 · 3 = 2 457
289 · 8 = 2 412

c) 2 057 · 9 = 16 513
5 124 · 5 = 25 620
3 908 · 4 = 16 632
8 079 · 7 = 56 553

d) 3 892 · 4 = 15 568
4 321 · 7 = 30 247
2 957 · 2 = 6 014
9 876 · 8 = 72 468

4 Mit Apollo 9 in die Welt der Zahlen. Überlege zuerst, welche Zahl du tanken musst.

523   1632   786   1057   2288   2872

Je größer die Zahl, desto weiter fliegt die Rakete.

Dann rechne aus, wo du genau landest.

a) Du sollst unter 5 000 landen.

b) Du sollst über 20 000 landen.

c) Du sollst zwischen 7 000 und 10 000 landen.

d) Du sollst über 30 000 landen.

5 Nun darfst du selbst passende Zahlen als Treibstoff für Apollo 9 tanken. So weit soll die Rakete fliegen. Gib drei passende Zahlen an und rechne, wo Apollo genau gelandet ist.

a)
15 000   25 000

b)
50 000   70 000

c)
80 000   100 000

6 a) Apollo 9 soll möglichst nahe bei 1 000 landen. Welche Zahl passt?
b) Apollo 9 soll möglichst nahe bei 80 000 landen.
c) Möglichst nahe bei 500 000, schafft ihr das?

7 Ihr sollt im Zielgebiet landen. Welche Rakete nehmt ihr? Welche Zahlen tankt ihr?
Es gibt mehrere Möglichkeiten.

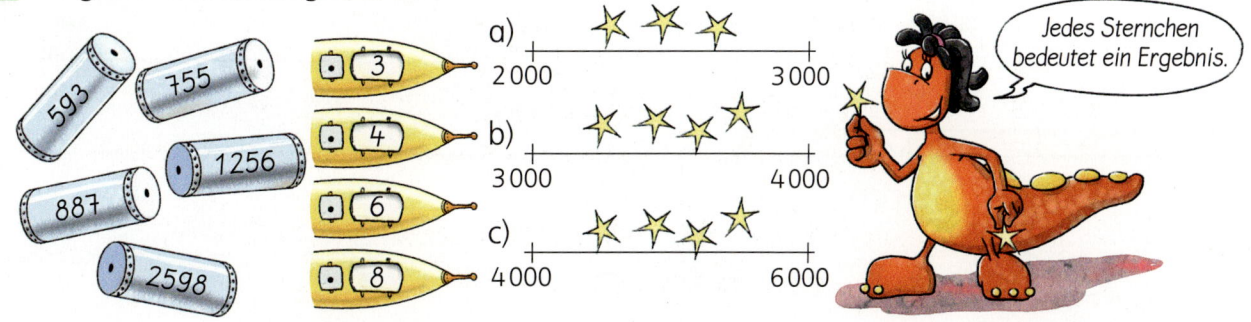

593   755   1256   887   2598

· 3
· 4
· 6
· 8

a)
2 000   3 000

b)
3 000   4 000

c)
4 000   6 000

Jedes Sternchen bedeutet ein Ergebnis.

1 Alle sechs Ergebnisse zusammen immer 99 990.

a) 1 233 | 8 766 • 2 | 3 | 5

b) 4 509 | 5 490 • 4 | 6 | 0

c) 972 | 9 027 • 7 | 2 | 1

2 Zahline hat Planeten mit Zahlenrätseln entdeckt. Die gesuchten Zahlen haben alle drei gleiche Ziffern.

a) Das Fünffache meiner Zahl liegt zwischen 1 000 und 1 500.

b) Das Siebenfache meiner Zahl liegt zwischen 2 000 und 3 000.

c) Das Vierfache meiner Zahl liegt zwischen 3 000 und 3 500.

d) Das Dreifache meiner Zahl liegt zwischen 2 500 und 3 000.

3 Berechne von jeder Zahl das Dreifache, das Doppelte und das Fünffache. Dann addiere die drei Ergebnisse. Was fällt auf?

a) 836   b) 4 567   c) 1 925

4
a) 234 · 6   b) 8 270 · 4
   468 · 7   7 530 · 6
   826 · 9   3 920 · 8
   947 · 3   2 587 · 7

c) 12 064 · 5   d) 203 197 · 4
   11 089 · 6   319 604 · 2
   33 197 · 2   287 050 · 3
   19 258 · 3   172 951 · 5

1404 2841 3276 7434 18109 31360 33080
45180   57774   60320   60340   66394
66534   639208   812788   861150   864755

5 Im Kopf oder schriftlich? Alle Ergebnisse haben die Quersumme 18.

a) 198 · 7   b) 4 008 · 6
   3 003 · 6   8 736 · 3
   1 980 · 4   5 500 · 9
   3 807 · 8   8 019 · 5

c) 9 015 · 3   d) 4 011 · 6
   3 456 · 7   6 060 · 3
   4 545 · 2   52 071 · 6
   3 849 · 9   10 404 · 2

6 Punktrechnung vor Strichrechnung!
a) 710 640 + 72 340 · 4
   471 224 + 66 097 · 8
   369 307 + 90 099 · 7
   771 610 + 45 678 · 5

b) Findest du noch zwei Aufgaben mit demselben Ergebnis wie oben?

7 a) ■ 3 8 5 · 3   b) ■ 1 2 · 3   c) 3 6 ■ · 3   d) ■ 2 6 · 7
        4 ■■■   9 ■ 8 ■   1 ■ 0 1   8 ■ 3 ■

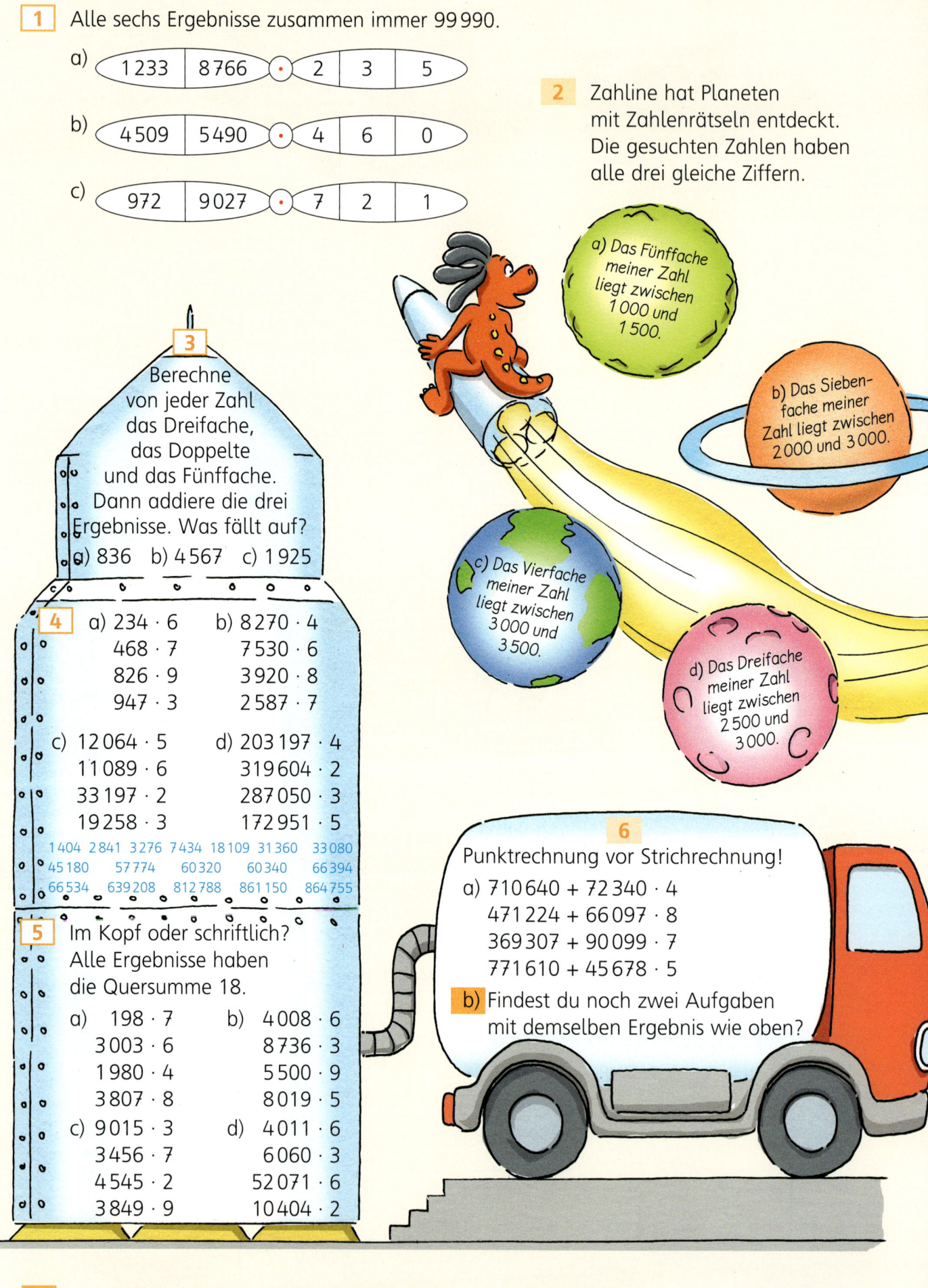

Tischtennisschläger	19,39 €		Stelzenpaar	5,89 €
6er Karton Bälle	2,09 €		Straßenkreide	4,85 €
Speckbretter Set	12,49 €		Springseil	3,75 €
Fußball	14,39 €			

1 a) Die Klasse 4 b hat 250 € für ihre Klassenkasse gewonnen. Die Kinder möchten neues Pausenspielzeug kaufen. Gemeinsam haben die Kinder ihre Wunschliste aufgeschrieben. Luise, Maja und Marie rechnen aus, wie teuer drei Springseile sind.

Wohin kommt das Komma im Ergebnis?

3,75 € · 3

Überschlag:
Das Ergebnis liegt zwischen 9 € und 12 €.

$$\frac{3,75 \, € \cdot 3}{11,25 \, €}$$

Luise

3,75 €
3,75 €
3,75 €
$$\overline{11,25 \, €}$$

Marie

1125 Cent ist gleich 11,25 €.

$$\frac{375 \, ct \cdot 3}{1125 \, ct}$$

Maja

Oben Euro und Cent, unten Euro und Cent, deshalb immer zwei Stellen nach dem Komma.

Wunschliste Pausenspielzeug

3 Springseile
2 Fußbälle
4 Tischtennis-schläger und
12 Bälle
3 Speckbretter-Sets
2 Paar Stelzen
2 Packungen Straßenkreide

b) Berechnet die Preise für das übrige Pausenspielzeug der Wunschliste. Überschlagt zuerst, dann rechnet genau.

c) Wie teuer ist das gesamte Pausenspielzeug? Bleibt noch Geld in der Klassenkasse?

2 Ihr habt 250 €. Was würdet ihr für eure Pausenkiste kaufen?

3
a) 3,78 € · 5   b) 2,89 € · 9   c) 8,15 € · 7   d) 9,35 € · 6   e) 2,19 € · 8
   6,25 € · 7   9,90 € · 4   7,95 € · 8   8,78 € · 7   4,28 € · 9

17,52 €   18,90 €   26,01 €   38,52 €   39,60 €   43,75 €   50,15 €   56,10 €   57,05 €   61,46 €   63,60 €

4
a) 17,09 € · 9   b) 56,09 € · 3   c) 83,90 € · 2   d) 35,49 € · 7   e) 33,32 € · 6
   31,07 € · 5   20,70 € · 7   24,93 € · 8   12,07 € · 6   27,09 € · 8

72,42 €   144,90 €   153,81 €   155,35 €   167,80 €   168,27 €   178,37 €   199,44 €   199,92 €   216,72 €   248,43 €

5 Runde auf Zehntausender.
a) 23 488   b) 144 929   c) 109 313
   45 166   208 223   417 904

6 Runde auf Hunderttausender.
a) 412 623   b) 349 917   c) 161 873
   781 444   874 093   658 309

7 a) | 87 140 | 43 760 | ⊖ | 2 000 | 20 000 | b) | 773 070 | 94 410 | ⊕ | 4 000 | 40 000 |

1

a) 276 · 4   b) 5 628 · 9
    847 · 9   7 439 · 6
    593 · 6   8 945 · 7

c) 37 418 · 3   d) 48 317 · 5
    82 593 · 7   63 428 · 6
    56 375 · 8   12 395 · 9

2 Du sollst im Zielgebiet landen.
Welche Rakete nimmst du und
wie viel Treibstoff tankst du?
Jedes Sternchen ein Ergebnis.

Zielgebiete

a)
25 000   30 000

b)
5 000   10 000

Treibstoff   **Rakete**

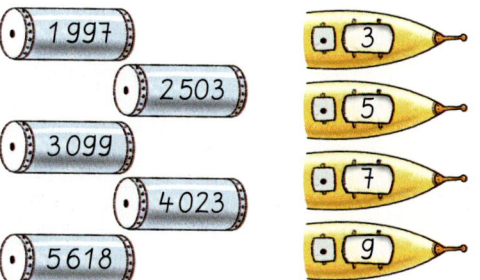

1 997   3
   2 503   5
3 099   7
   4 023   9
5 618

3 Achte beim Multiplizieren
auf die Nullen.

a) 15 006 · 9   b) 40 850 · 7
    91 042 · 8   70 095 · 6
    60 504 · 5   80 076 · 8

4 In jedem Päckchen sind drei Ergebnisse
falsch. Das kannst du durch Überschlag
herausfinden.
Wie heißen die richtigen Ergebnisse?

a) 277 · 6 = 1 222   b) 3 079 · 3 = 90 237
    519 · 8 = 4 152   6 889 · 5 = 30 005
    626 · 3 = 2 478   4 927 · 7 = 34 489
    483 · 7 = 2 861   8 128 · 3 = 24 384
    826 · 5 = 4 130   1 217 · 9 = 12 953

5 a) 489 · 6 + 1 330   b) 5 123 − 489 · 7
       709 · 9 + 2 417   8 704 − 873 · 8

6 Schreibe auf drei verschiedene Weisen.

a)	3,45 m	3 m 45 cm	▨ cm
b)	▨	▨	175 cm
c)	7,5 m	▨	

d)	5,3 cm	5 cm 3 mm	▨ mm
e)	▨	▨	32 mm
f)	0,7 cm	▨	▨

7 Ordne nach der Länge. Beginne mit der kleinsten Länge.
a) 5 km   4 500 km   3 km 800 m $6\frac{1}{2}$ km   b) 1,85 km   1 050 m $1\frac{1}{2}$ km   1,5 km

8 Wandle die Längen aus Aufgabe 7 in Meter um. Addiere die Längen.
Schreibe das Ergebnis als Kommazahl in Kilometer.

9 Wie viel Meter sind es?
a) 8 km   7,250 km   6 km 80 m $\frac{1}{2}$ km   b) 0,5 km   0,053 km   7,2 km $3\frac{1}{2}$ km

10 Gib von jeder Länge in Aufgabe 9 das Vierfache an.
Schreibe das Ergebnis als Kommazahl in Kilometer.

11 Berechne das Dreifache der Länge.   a) 2,30 m   b) 3,2 cm   c) 4,5 km   d) 5,4 m

1
a) 6 · 4000
7 · 3000
9 · 2000

b) 30 · 80
20 · 90
80 · 40

c) 5 · 900
7 · 700
9 · 400

d) 40 · 700
50 · 500
70 · 600

e) 30 · 900
20 · 800
60 · 600

2
a)
9 · 400 + 404
9 · 500 + 505
9 · 600 + 606

b)
9 · 100 + 211
9 · 200 + 422
9 · 300 + 633

c)
90 · 200 + 2002
90 · 300 + 3003
90 · 400 + 4004

3
a) 30000 : 10
40200 : 10
77000 : 10

b) 18000 : 6
32000 : 4
45000 : 5

c) 280000 : 4
420000 : 7
560000 : 8

d) 2400 : 3
1600 : 4
3500 : 7

4
a) 350000 : 50
480000 : 80
630000 : 90

b) 42000 : 60
54000 : 90
49000 : 70

c) 56000 : 80
30000 : 60
45000 : 90

d) 3200 : 80
4000 : 50
7200 : 90

5
a) 54000 : 600
42000 : 700

b) 81000 : 900
63000 : 700

c) 360000 : 600
480000 : 800

d) 720000 : 800
490000 : 700

6
a) 5000 + 1
5000 – 1

b) 4000 + 6
4000 – 6

c) 6400 + 8
6400 – 8

d) 1896 – 5
1896 + 5

7
a) 7400 + 60
7400 – 60

b) 3170 + 30
3170 – 30

c) 6210 – 80
6210 + 80

d) 2990 + 20
2990 – 20

8
a) 21200 + 500
21200 – 500

b) 34900 – 500
34900 + 500

c) 53850 – 200
53850 + 200

d) 65710 + 600
65710 – 600

9
a) 5000 – 1000
5000 – 100
5000 – 10
5000 – 1

b) 9000 – 1000
9000 – 100
9000 – 10
9000 – 1

c) 8000 – 7000
8000 – 700
8000 – 70
8000 – 7

d) 6000 – 5000
6000 – 500
6000 – 50
6000 – 5

10 Vera, Tim und Zoe haben mehrere Kaninchen und mehrere Kaninchenställe.

a) Wenn Vera in jeden Stall ein Kaninchen setzt, bleibt ein Kaninchen übrig. Setzt sie in jeden Stall zwei Kaninchen, bleibt ein Stall leer. Wie viele Kaninchen und wie viele Ställe hat Vera?

b) Wenn Tim in jeden Stall ein Kaninchen setzt, bleiben drei Kaninchen übrig. Setzt er in jeden Stall zwei Kaninchen, bleiben zwei Ställe leer. Wie viele Kaninchen und wie viele Ställe hat Tim?

c) Wenn Zoe in jeden Stall zwei Kaninchen setzt, bleibt ein Kaninchen übrig. Setzt sie in jeden Stall drei Kaninchen bleibt ein Stall leer. Wie viele Kaninchen und wie viele Ställe hat Zoe?

Radius einstellen …   Mittelpunkt markieren, dann einstechen …   und Kreislinie ziehen.

1 Zeichne einen Kreis. So groß soll der Radius sein:

a) 3 cm   b) 5 cm   c) 7 cm   d) 4,5 cm

Wie groß ist der Durchmesser?

2 Zeichne einen Kreis.
Dein Partner misst, wie groß der Durchmesser ist.

3 Zeichne einen Kreis.
Der Durchmesser ist

a) 10 cm,   b) 16 cm.

Der Durchmesser teilt den Kreis in zwei Hälften. Er ist doppelt so lang wie der Radius und verläuft durch den Mittelpunkt.

4 Zeichne diese Muster in dein Heft.

a)

b)

5 Zeichne zuerst ein Quadrat mit der Seitenlänge 6 cm. Dann benutze den Zirkel.
Wo sind die Mittelpunkte der Kreise? Male die Muster aus.

a)
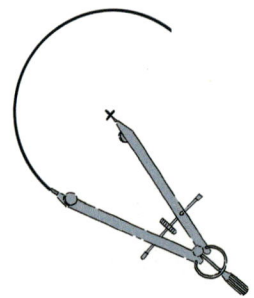

b)
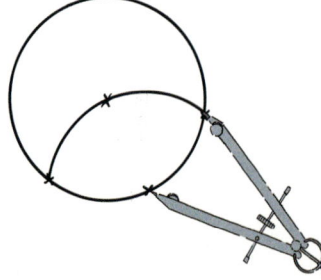

c)

d)

6 So zeichnest du eine Sechserrosette.

1

Zeichne viele Kreise.
Male das Muster aus.

2

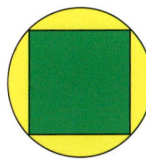

Zeichne und male die Muster aus.

a) Ein Quadrat, 6 cm lang, und darin einen Kreis.

b) Ein Quadrat, 6 cm lang, und darum einen Kreis

c) Wer kann das: ein Quadrat, darin einen Kreis, darin wieder ein Quadrat? Wie geht es weiter?

d) Erfinde noch mehr Muster mit Kreisen und Quadraten.

3

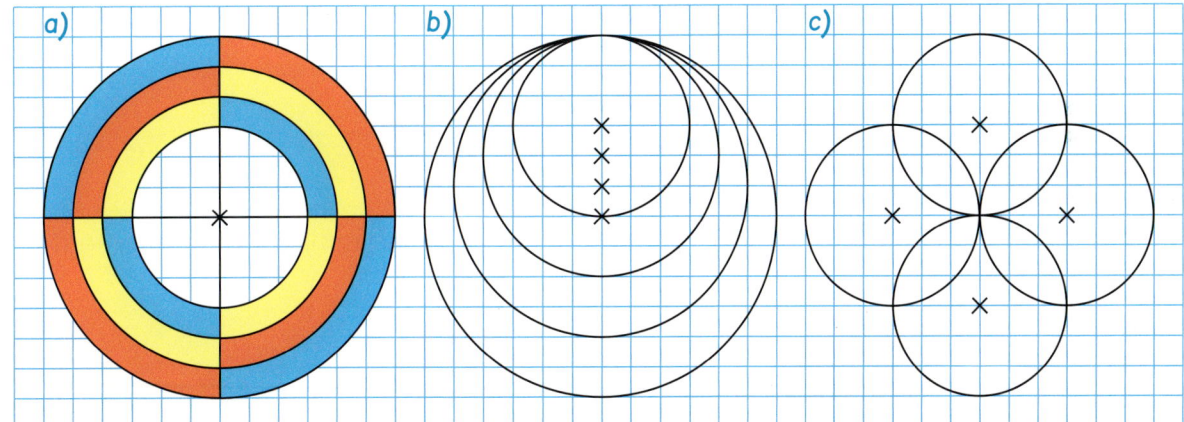

a)   b)   c)

4 Aus einem Kreis kann man auch ein Sechseck herstellen. Zeichne.

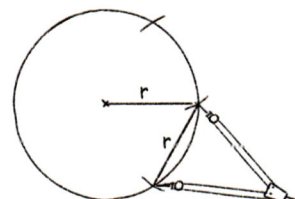
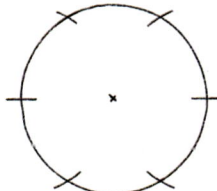
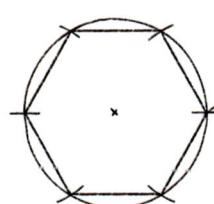

Kreis zeichnen,   Radius sechsmal abtragen,   Schnittpunkte verbinden.

5 Zeichne einen Kreis mit dem Radius 3 cm. Trage den Radius sechsmal ab.
Dann verbinde die Schnittpunkte so, dass dieses Muster entsteht.

a)
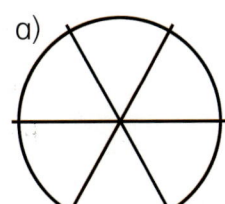

b)
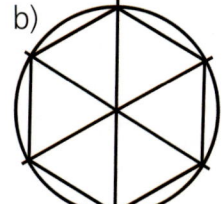

c)
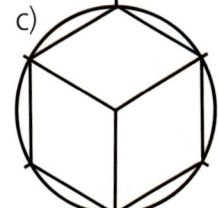

d)
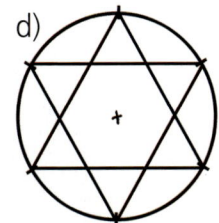

e) Entdeckst du in dem Muster parallele Seiten? Färbe sie mit derselben Farbe.
Wie viele verschiedene Farben brauchst du?

1 Marie hat Formen aufeinander gelegt.

a) Welche Formen kannst du entdecken?

b) Welche Form hat Marie als erste gelegt?

c) Welche Form hat sie als dritte gelegt?

d) Welche Form hat sie als letzte gelegt?

2 a) Welches Bild entspricht dem Original von Aufgabe 1?

b) In welcher Reihenfolge wurden die Formen in den anderen zwei Bildern gelegt?

3 Kreis-Puzzle. Welche zwei Kreisteile ergeben zusammen einen Kreis?
Schreibe die Buchstaben auf.

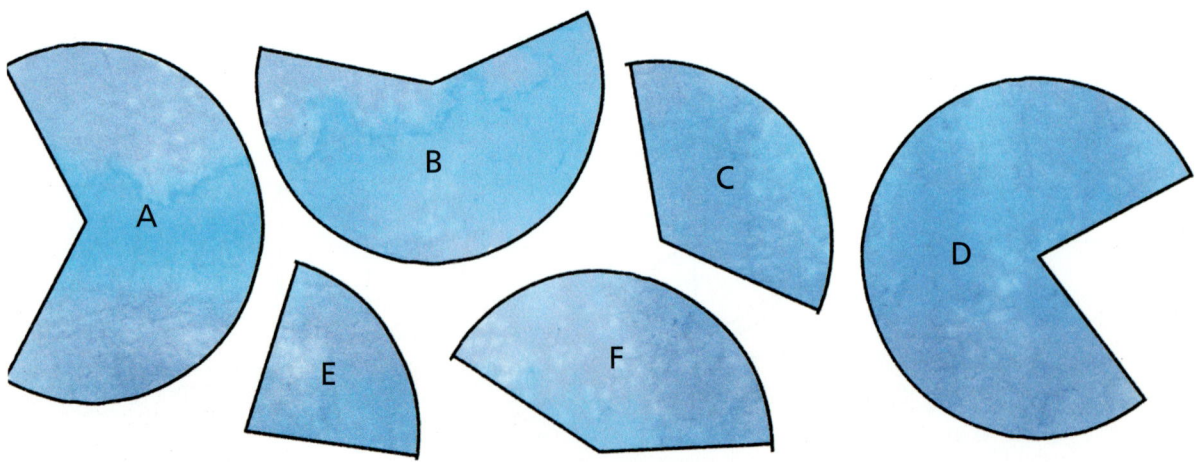

1  Leonardo Fibonacci war ein bekannter Mathematiker des Mittelalters. Er wurde 1180 in Pisa geboren und erlernte zunächst den Beruf des Kaufmanns. Dadurch reiste er durch viele arabische Länder. In diesen Ländern benutzten die Menschen andere Zahlen als im damaligen Europa.
Er lernte diese Zahlen kennen und führte sie in Europa ein.
Bis heute benutzen wir diese Zahlen. Fibonacci starb zwischen 1240 und 1250 in Pisa. Er ist heute noch bekannt, weil er eine interessante Zahlenfolge entdeckte.

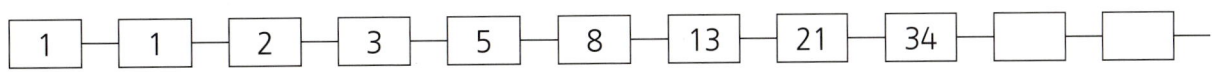

| 1 | 1 | 2 | 3 | 5 | 8 | 13 | 21 | 34 | | |

a) Findest du die Regel?

b) Schreibe fünf weitere Zahlen auf.

2 Ergänze die Zahlenfolgen nach der Fibonacci-Regel.

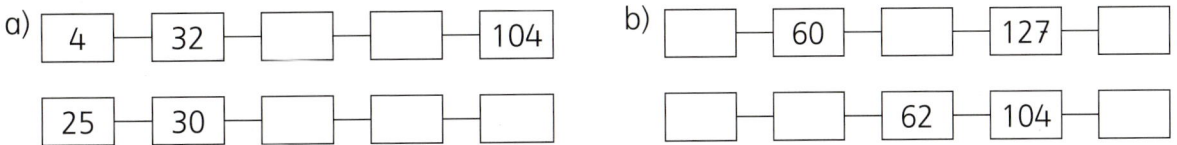

a)

| 4 | 32 | | | 104 |

b)

| | 60 | | 127 | |

| 25 | 30 | | | |

| | | | 62 | 104 | |

3 Miss die Seitenlängen der Quadrate. Beginne mit dem Quadrat ① und folge dem Verlauf der Spirale. Schreibe die Zahlenfolge auf. Kannst du sie fortsetzen?

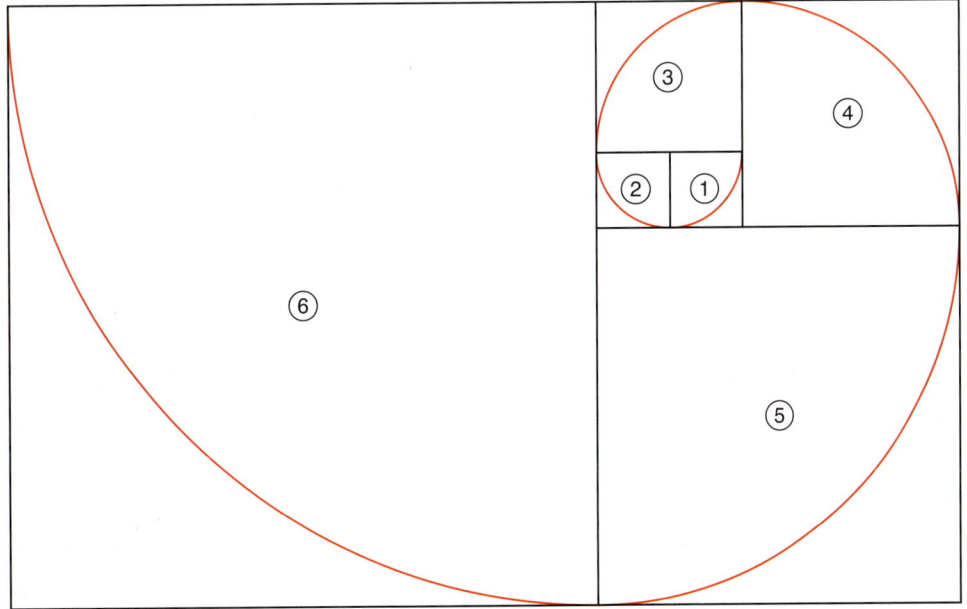

4 Auch in der Natur findet man Zahlenfolgen nach der Fibonacci-Regel.
Bei Tannenzapfen gibt es Bögen, die im Uhrzeigersinn und gegen den Uhrzeigersinn verlaufen.
Zähle die Bögen des Tannenzapfens.
Findest du diese Zahlen in der Zahlenfolge von Fibonacci (Aufgabe 1) wieder?

5 Untersuche auch die Bögen einer Ananas, einer Sonnenblume und verschiedener Zapfen.

F

1 Flüssigkeit wird in Liter und Milliliter gemessen.
Wie viel Flüssigkeit passt in jedes Gefäß?

Prüfe mit einem Messbecher.

1 l = 1 000 Milliliter

1 l = 1 000 ml

2 Ordne zu: A = ▨ ml

1 ml	75 ml	250 ml	500 ml	1 l	10 l	120 l
A	B	C	D	E	F	G

3 Liter (l) oder Milliliter (ml)?

a) 200 ▨   b) 250 ▨   c) 0,5 ▨   d) ¼ ▨   e) 10 ▨

4 Suche zu Hause weitere Gefäße.
Wie viel Milliliter, wie viel Liter passen hinein?

1 Wie viel Flüssigkeit ist in den Flaschen?

a) Schreibe die Angaben in eine Stellenwerttafel.

b) Wie viel Milliliter Inhalt sind es?

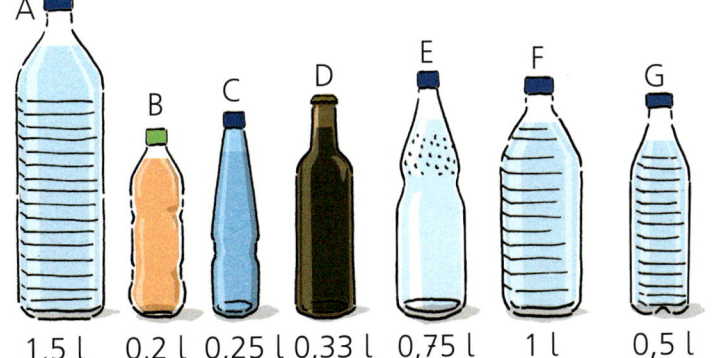

l	100 ml	10 ml	1 ml
1	5	0	0

1,5 l 0,2 l 0,25 l 0,33 l 0,75 l 1 l 0,5 l

2 a) Wie viel Liter und Milliliter sind es? Trage in eine Stellenwerttafel ein.

b) Wie viel Milliliter sind es?

l		ml	
1	7	5	0

1,75 l   1,25 l   2,005 l   3,750 l   3,050 l   1,3 l   2,08 l   1,025 l

3 Schreibe auf drei verschiedene Weisen.   a) 3,5 l = 3 l 500 ml = 3 500 ml

a)	3,5 l	3 l 500 ml	3 500 ml
b)	▪	2 l 250 ml	▪
c)	▪	▪	1 375 ml
d)	1,5 l	▪	▪

e)	▪	1 l 100 ml	▪
f)	2,75 l	▪	▪
g)	▪	▪	50 ml
h)	1,38 l	▪	▪

4

a) Wie viel Milliliter sind es?

Liter					Milliliter			
1 l	=	1, 0 l		=	1 0 0 0 ml			
$\frac{1}{2}$ l	=	0, 5 l		=	5 0 0 ml			
$\frac{1}{4}$ l	=	0, 2 5 l		=				
$\frac{1}{8}$ l	=	0, 1 2 5 l	=					

b) Wie viel ist das Doppelte von $\frac{1}{8}$ l, $\frac{1}{4}$ l, $\frac{1}{2}$ l, $\frac{3}{4}$ l, $1\frac{1}{2}$ l?

c) Wie viel ist die Hälfte von $\frac{1}{4}$ l, $\frac{1}{2}$ l, 3 l, $1\frac{1}{2}$ l?

5 Neun Angaben, aber nur drei verschiedene Flüssigkeitsmengen. Was gehört zusammen?

a)

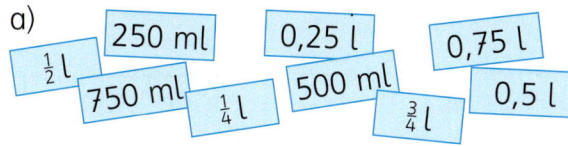

250 ml   0,25 l   0,75 l $\frac{1}{2}$ l   750 ml $\frac{1}{4}$ l   500 ml $\frac{3}{4}$ l   0,5 l

b)

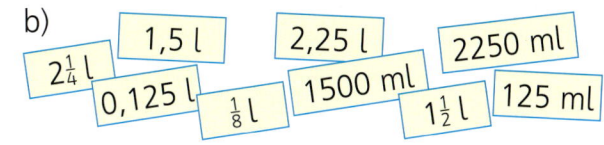

1,5 l   2,25 l   2250 ml $2\frac{1}{4}$ l   0,125 l $\frac{1}{8}$ l   1500 ml $1\frac{1}{2}$ l   125 ml

6 Anna hat drei Krüge. Im größten Krug sind 8 l Wasser. Die beiden anderen Krüge sind leer.

a) Anna möchte genau 2 l abmessen. Sie hat aber keinen Messbecher. Anna schüttet zweimal um. Dann hat sie es geschafft. Kannst du es auch? Es darf aber kein Wasser weggeschüttet werden.

b) Wie oft musst du umschütten, um 1 l abzumessen?

8 l   5 l   3 l

1 In einen ganz kleinen Würfel
mit der Kantenlänge 1 cm
passt genau 1 ml Wasser.

a) Wie viele kleine Zentimeter-Würfel
passen in diesen Behälter?

b) Wie viel Milliliter Wasser
passen in diesen Behälter?

c) Stimmt Zahlines Behauptung? Begründe.

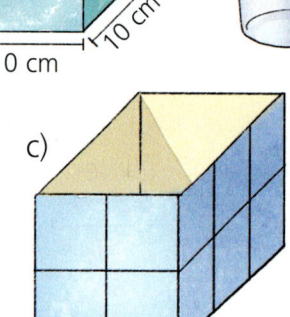

Das Volumen ist 1 Liter.

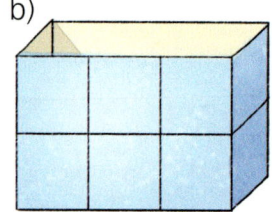

10 cm · 10 cm · 10 cm

2 Wie groß ist das Volumen? Schreibe in Liter.

a)   b)   c)

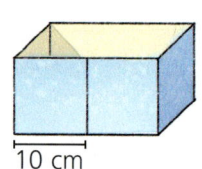
10 cm

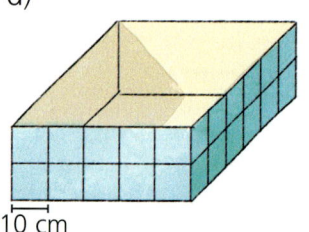
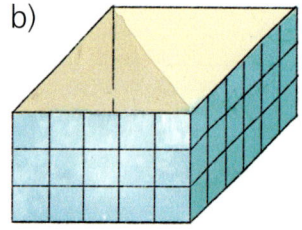

3 Wie groß ist das Volumen? Schreibe in Liter.

a)   b)   c)

10 cm

4 Das Foto zeigt einen Meter-Würfel.

a) Wie viele Liter-Würfel passen in eine Reihe,
wie viele Liter-Würfel passen in die untere Schicht?
Wie viele Liter Wasser sind das?

b) Wie viele Schichten der Liter-Würfel passen in den
Meter-Würfel? Wie viele Liter-Würfel sind das insgesamt?

c) Wie groß ist das Volumen des Meter-Würfels?
Schreibe in Liter.

10 cm

5 Das Volumen von Aquarien ist unterschiedlich.
Wie viel Liter Wasser braucht man, um diese Aquarien zu füllen?

Standardmodell	Modell Maxi mit Unterschrank	Modell Mini

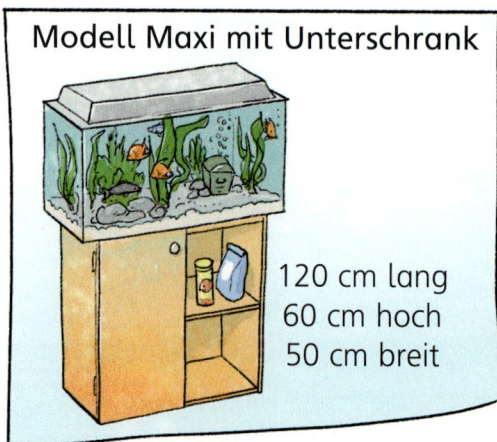

80 cm lang
50 cm hoch
40 cm breit

120 cm lang
60 cm hoch
50 cm breit

60 cm lang
35 cm hoch
30 cm breit

1 Wie viel Liter verbraucht Steffen ungefähr, wenn er fünfmal duscht?

Duschen			1	2	
Wasserverbrauch		4 0 l			

Jede Minute 10 Liter.

Ich dusche ungefähr vier Minuten.

Jens

Steffen

2 Wie lange duschst du? Wie viel Liter Wasser verbrauchst du in einer Woche, wenn du jeden Tag einmal duschst?

3 So viel Wasser verbraucht eine Person durchschnittlich am Tag für die abgebildeten Tätigkeiten. Lies den Verbrauch ab und schreibe auf. 🪣 = 5 l

4 Eine Person verbraucht durchschnittlich 127 l Wasser am Tag.
  a) Herr und Frau Tiemann haben drei Kinder.
  b) Berechne den durchschnittlichen Wasserverbrauch pro Tag für deinen Haushalt.

Wie viele Personen leben in deinem Haushalt?

5 a) Für ein Vollbad verbraucht man ungefähr 120 l Wasser. Wie oft kann man damit duschen?

  b) In eine Regentonne passen ungefähr 100 l. Wie oft kann man damit die Blumen gießen? Einmal Blumen gießen:

6 Trinkwasser ist kostbar. Überlegt, wie ihr Wasser sparen könnt.

1 Tim kann zu seinem T-Shirt drei verschiedene Hosen und zwei Paar Schuhe anziehen.

a) Wie viele Kombinationen gibt es? Schreibe sie alle auf.

| T1 – H1 – S1 | | | | |
| T1 – H1 – S2 | | | | |

b) Zeichne das Diagramm fertig in dein Heft.

Diagramm:

```
                    S1
              H1 <
                    S2
    T1 <
         —— H2
```

Gelbes T-Shirt und grüne Hose und blaue Schuhe, ...

2 Noah hat drei T-Shirts, zwei verschiedene Hosen und zwei Paar Schuhe.

a) Wie viele Kombinationen gibt es? Schreibe sie alle auf.

b) Zeichne ein Diagramm in dein Heft.

c) Findest du eine Multiplikationsaufgabe für die Anzahl der Kombinationen?

3 Tina trainiert für das Springreiten.
Auf dem Reitplatz sind drei verschiedene Hindernisse aufgestellt.

a) Wie viele verschiedene Möglichkeiten gibt es, die Hindernisse in unterschiedlicher Reihenfolge zu überspringen? Schreibe alle Möglichkeiten auf.

b) Zeichne ein Diagramm in dein Heft.

c) Findest du eine Multiplikationsaufgabe für die Anzahl der Möglichkeiten?

4 Nimm vier Ziffernkärtchen.

a) Wie viele dreistellige Zahlen kannst du damit legen? Schreibe alle Zahlen auf.

| 2 | 5 | 7 | 8 |

b) Zeichne ein Diagramm in dein Heft.

c) Findest du eine Multiplikationsaufgabe für die Anzahl der Zahlen?

1 Dieses Diagramm wird auch Baumdiagramm genannt.

1

Kinder-Restaurant **Krümelland**
Jeden Mittag Supersparpreise!!!
Kombiniere dein eigenes Menü

Vorspeisen
• Suppe
• Salat

Hauptspeisen
• Pizza
• Spaghetti Bolognese
• Fischstäbchen

Nachspeisen
• Eis
• Pudding
• Muffin
• Obst

Welches Menü stellst du dir zusammen?

Ich nehme Suppe, Pizza und Obst.

2 a) Paula schreibt ihre Möglichkeiten auf. Welchen Lösungsweg wählst du und warum?

Ich nehme auf jeden Fall die Suppe.

L 1: Suppe mit Pizza und Eis
Suppe mit Spaghetti und Obst
Suppe mit …

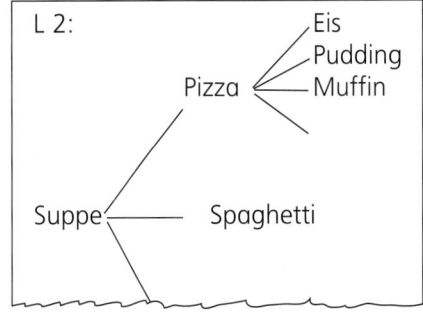

L 2:
Pizza — Eis / Pudding / Muffin
Suppe — Spaghetti

b) Suche dir einen Lösungweg aus und schreibe
alle Möglichkeiten auf.

c) Findest du eine Multiplikationsaufgabe für die Anzahl der Möglichkeiten?

3 a) Juri nimmt auf jeden Fall den Salat. Wie viele Möglichkeiten gibt es jetzt?
b) Schreibe Juris Möglichkeiten auf.

4 Wie viele Möglichkeiten haben die Kinder, ihr Menü zu kombinieren? Prüfe nach.

a)

Ich esse auf jeden Fall Eis!

b)

Ich wähle ganz bestimmt Fischstäbchen.

c)

Ich nehme auf keinen Fall einen Muffin.

5 Am Mittwoch steht zusätzlich noch das „Zwergenschnitzel" als Hauptspeise
auf dem Speiseplan. Eva sagt: „Dann gibt es 32 Möglichkeiten."
Wie hat sie das so schnell herausgefunden?

6 Am Sonntag ist Familientag. Es werden drei Vorspeisen, fünf Hauptspeisen
und vier Nachspeisen angeboten. Wie viele Möglichkeiten gibt es jetzt?

WV

7
a)	b)	c)	d)	e)
35 : 7	24 : 3	30 : 6	27 : 3	63 : 9
42 : 6	32 : 4	45 : 9	36 : 6	18 : 3
81 : 9	56 : 8	80 : 8	49 : 7	54 : 6

8
a)	b)	c)	d)	e)
$7 \cdot 4$	$6 \cdot 7$	$8 \cdot 8$	$9 \cdot 6$	$7 \cdot 8$
$9 \cdot 3$	$4 \cdot 8$	$4 \cdot 9$	$8 \cdot 3$	$5 \cdot 9$
$5 \cdot 5$	$7 \cdot 9$	$5 \cdot 6$	$4 \cdot 4$	$6 \cdot 3$

Märchenfest an der Gebrüder-Grimm-Schule.
Die Kinder der Klassen 4 a, b und c mixen die Getränke.

Einladung zum **Märchenfest**

„Rumpelstilzchen"-Fruchtschorle
(Rezept für 12 Personen)

2 l Traubensaft oder Apfelsaft
1 l Mineralwasser
Zitrone und Zucker nach Geschmack

Den Saft und das Mineralwasser mixen.
Zucker und Zitronensaft nach Geschmack
zugeben. Die Schorle einige Stunden kalt
stellen.

1 Die Klasse 4a mixt
die „Rumpelstilzchen"-Fruchtschorle.

a) Die Kinder müssen die Zutaten
für 60 Personen einkaufen.

b) Am Ende des Märchenfestes ist
die Fruchtschorle ausverkauft.
Wie viele Krüge mussten gefüllt werden?

0,5 l

„Rotkäppchen"-Teelimonade
ausreichend für 5 Personen

$\frac{1}{2}$ l Hagebuttentee
$\frac{1}{2}$ l Johannisbeersaft
$\frac{1}{4}$ l Mineralwasser

Etwas Zitrone nach Geschmack

Den Hagebuttentee kochen und abkühlen
lassen. Anschließend alle Zutaten mischen.

2 Die Klasse 4b verkauft
die „Rotkäppchen"-Teelimonade.

a) Die Schüler möchten 15 l herstellen.

b) Das Getränk wird
in Tassen verkauft,
die $\frac{1}{4}$ l fassen.

c) Um 16.00 Uhr ist nur noch
ein halber Liter übrig.

3 Annika stellt Erdbeermilch her,
Jan Bananenmilch.

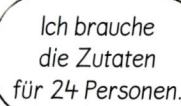

Ich brauche
die Zutaten
für 16 Personen.

Ich brauche
die Zutaten
für 24 Personen.

„Zwergen"-Milchmix (2 Personen)

Du brauchst dazu:

$\frac{1}{4}$ Liter Milch
100 g Vollmilchjoghurt
100 g frische süße
Früchte, z.B.
Erdbeeren,
Himbeeren
oder Bananen

So wird's gemacht:
Das Obst gründlich
waschen oder die Banane
schälen und in Stücke
schneiden. Obst und
Jogurt mit einem Schuss
Milch in einen Milchtopf
geben. Mit einem Pürier-
stab oder Mixer zerklei-
nern. Die restliche Milch
hinzuschütten.

4 Die „Zwergen"-Milchmix-Getränke kommen sehr gut an.
Neue Getränke müssen hergestellt werden. Auf dem Fest werden
die Milchmix-Getränke in Gläsern verkauft, die 0,2 l fassen.

a) Es werden noch 2 l Erdbeermilch, 3 l Bananenmilch und
2,4 l Himbeermilch vorbereitet. Wie viele Gläser kann man jeweils füllen?

b) Von den neuen Getränken werden 8 Gläser Himbeermilch,
7 Gläser Erdbeermilch und 9 Gläser Bananenmilch verkauft.
Wie viel Liter sind jeweils noch übrig?

1 Die Kinder wiegen verschiedene Mengen Wasser ab.

Der leere Messbecher wiegt 121 g.

	kg	100 g	10 g	1 g
1 l Wasser	1	0	0	0
$\frac{1}{4}$ l Wasser	0	2	5	0
$\frac{1}{8}$ l Wasser	0	1	2	5

1 l Wasser · $\frac{1}{4}$ l Wasser · $\frac{1}{8}$ l Wasser · $\frac{3}{4}$ l Wasser · $\frac{1}{2}$ l Wasser · $1\frac{1}{2}$ l Wasser · $1\frac{1}{4}$ l Wasser

2 Wie viel Kilogramm und Gramm sind es? Trage in eine Stellenwerttafel ein.

kg			g
3	4	8	5

3,485 kg   5,603 kg   2,03 kg   8,34 kg   2,5 kg   0,5 kg

2,4 kg   8,025 kg   0,58 kg   0,25 kg

3 Schreibe die Angaben von Aufgabe 2 auf drei verschiedene Weisen.

Schreibe so: 3,485 kg = 3 kg 485 g = 3485 g

4 Schreibe auf drei verschiedene Weisen.   a) 7,5 kg = 7 kg 500 g = 7500 g

a)	7,5 kg	7 kg 500 g	7 500 g
b)	■	3 kg 40 g	■
c)	■	■	3470 g
d)	■	2 kg 50 g	■

e)	■	7 kg 305 g	■
f)	■	■	785 g
g)	■	4 kg 5 g	■
h)	■	■	45 g

5 Wie viel Kilogramm sind es?   a) $\frac{1}{2}$ kg   b) $\frac{1}{4}$ kg   c) $\frac{1}{8}$ kg   d) $\frac{3}{4}$ kg

6 Wie viel Gramm sind das Doppelte von   a) $\frac{1}{2}$ kg,   b) $\frac{1}{4}$ kg,   c) $\frac{1}{8}$ kg,   d) $\frac{3}{4}$ kg?

7 Neun Angaben, aber nur drei verschiedene Gewichte. Was gehört zusammen?

a) $\frac{1}{2}$ kg · 0,25 kg · 0,75 kg · 250 g · 750 g · $\frac{1}{4}$ kg · $\frac{3}{4}$ kg · 0,5 kg · 500 g

b) $2\frac{1}{4}$ kg · 1,5 kg · 2,25 kg · 1 500 g · $\frac{1}{8}$ kg · $1\frac{1}{2}$ kg · 0,125 kg · 125 g · 2 250 g

8 Schwere Taschen. Gib das Gewicht in Kilogramm an.

a) 2,5 kg Kartoffeln   b) 900 g Lauch   c) 750 g Sahne
   300 g Lauch   3 kg Kartoffeln   10 kg Kartoffeln
   250 g Sahne   500 g Sahne   600 g Lauch

9 Was haben die Personen wohl eingekauft?
Schreibe einen Einkaufszettel. Es gibt mehrere Möglichkeiten.

a) *6 Teile, Gewicht: 1,05 kg*

b) *5 Teile, Gewicht: 1,98 kg*

c) *8 Teile, Gewicht: 2,03 kg*

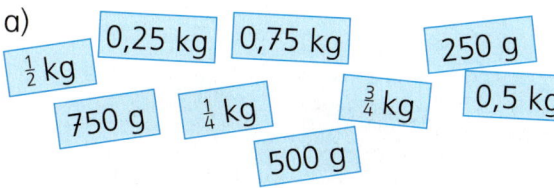

Nudeln 500 g
Rosinen 150 g
Schokolade 100 g
Marmelade 450 g
Ananas 480 g

1 Zahlix und Zahline wollen einen Kuchen backen. Sie brauchen 1 kg Quark.
Vergleiche.

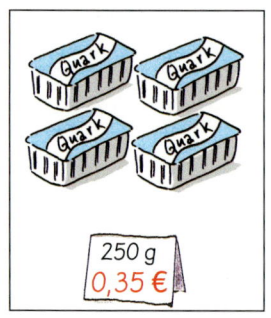  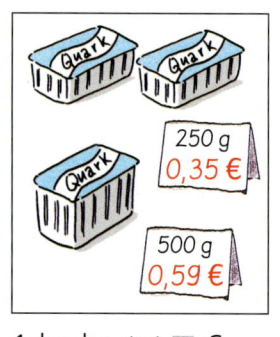 

1 kg kostet ■ €. 1 kg kostet ■ €. 1 kg kostet ■ €.

2 Lenas Klasse will für ihr gemeinsames Frühstück eine Quarkspeise anrühren.
Die Kinder brauchen dafür $1\frac{3}{4}$ kg Quark. Was sollen sie einkaufen? Wie teuer wird es?

3 Vergleiche die Angebote.

a) Kräuterquark   b) Flakes

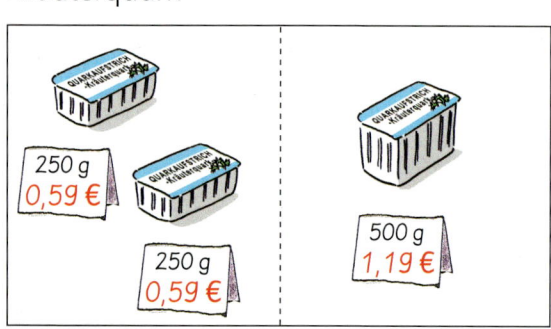   

4 Leo braucht für den Quarkaufstrich 750 g Kräuterquark.
Er sagt: „Wenn ich drei 250-g-Packungen nehme, kann ich Geld sparen." Stimmt das?

5 Ali kauft für das gemeinsame Frühstück Flakes ein. Er braucht ungefähr 1 kg
für die ganze Klasse. Was soll er einkaufen? Wie teuer wird es?

6 Lisa und Tim wollen für das Frühstück
Erdbeer-Milchmix machen.
Sie brauchen 5,5 l Milch und 1 750 g Erdbeeren.
Kommen sie mit 10 € aus?

7 Vergleiche die Angebote. Achte dabei auf die Menge und den Preis.

a)   b)   c)

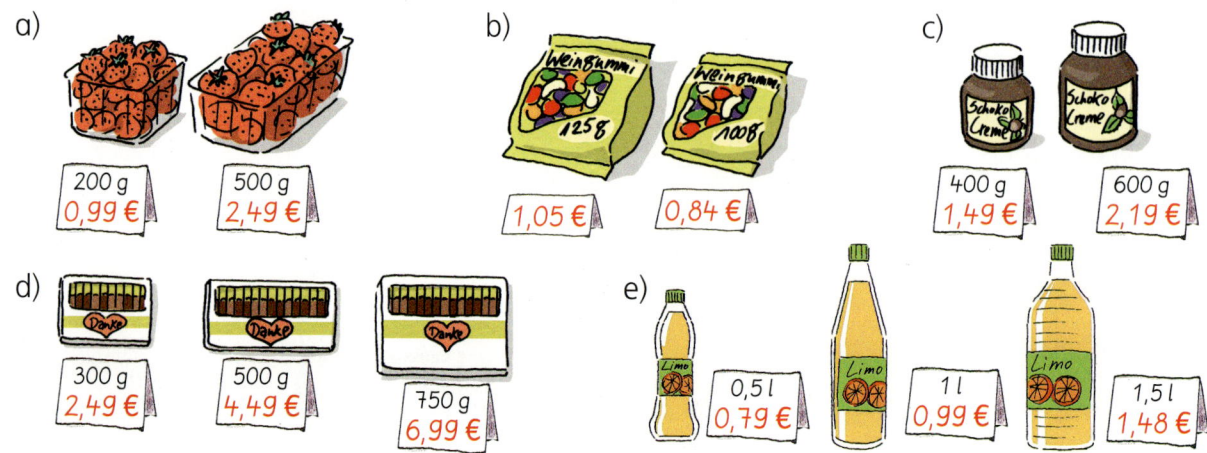

Elefant

Gewicht: 6 t

Eisbär

Gewicht: 0,6 t

Giraffe

Gewicht: 1,2 t

Klasse 4 a: 25 Kinder

1 Tonne = 1000 Kilogramm

Nilpferd

Gewicht: 3,6 t

Pferd

Gewicht: 0,5 t

Gorilla

Gewicht: 0,22 t

1 a) Wie schwer sind die Tiere? Schreibe das Gewicht in eine Stellenwerttafel.

	t	100 kg	10 kg	1 kg
Elefant	6	0	0	0
Eisbär	▪	▪	▪	▪

	t			kg	
Elefant	6	0	0	0	
Eisbär					

b) Wie viel Tonnen, wie viel Kilogramm wiegen die Tiere?
   Schreibe so: Elefant: 6 t = 6 0 0 0 kg

c) Ordne die Tiere nach ihrem Gewicht. Beginne mit dem leichtesten Tier.

2 Schreibe auf drei verschiedene Weisen. a) 1, 3 4 2 t = 1 t 3 4 2 kg = 1 3 4 2 kg

a)	1,342 t	▪	▪
b)	▪	1 t 350 kg	▪
c)	▪	▪	2 406 kg
d)	3,75 t	▪	▪

e)	▪	▪	980 kg
f)	2,07 t	▪	▪
g)	▪	5 t 5 kg	▪
h)	▪	▪	45 kg

3 Ein Kind wiegt ungefähr 40 kg, 25 Kinder wiegen ungefähr 1 t.
Wie viele Kinder müssen auf der Waage stehen, um so schwer zu sein wie

a) ein Elefant,   b) ein Eisbär,   c) eine Giraffe,   d) ein Nilpferd?

4 Wie viel Kilogramm sind es?   a) $\frac{1}{2}$ t   b) $\frac{1}{4}$ t   c) $\frac{3}{4}$ t   d) $2\frac{1}{2}$ t   e) $3\frac{1}{2}$ t   f) $5\frac{1}{4}$ t

5 Ordne die Fahrzeuge ihren Gewichten zu. Eine Gewichtsangabe bleibt übrig.

$\frac{1}{4}$ t   0,012 t   15 t   400 t   1 t   100 000 t

6 Ordne nach dem Gewicht.

a) 807 kg $\frac{1}{2}$ t   0,087 t   0,666 t   b) 2,2 t   202 kg   2 t 20 kg   0,222 t

c) 400 kg $\frac{1}{2}$ t   0,225 t $\frac{1}{4}$ t   d) $\frac{3}{4}$ t   775 kg   1,075 t   75 kg

1 Welche Aufgaben kannst du schon lösen?

2

Mit Tausendern zu rechnen ist leicht.
12 T : 3 = 4 T

Ist für mich leicht.
27 000 : 3
90 : 3

Die Aufgabe rechne ich in Schritten.

12 000 : 3

27 090 : 3

28 200 : 3 =
27 000 : 3 =
1 200 : 3 =

Anna

Stefan

12 000 : 3
Leichte Aufgaben

24 870 : 3
Schwere Aufgaben

Elena

297 : 3

300 : 3 = 100
also 297 : 3 = 99

Die Aufgabe ist zu schwer. Taschenrechner?

24 870 : 3

Lara

Tim

3 Welche Aufgaben kannst du lösen? Rechne nur die leichten Aufgaben.

a) 28016 : 4
20400 : 4
22296 : 4

b) 24000 : 6
648 : 6
1812 : 6

c) 19992 : 4
11996 : 4
7996 : 4

d) 3992 : 8
1592 : 8
792 : 8

e) 1400 : 7
712 : 4
7777 : 7

1 Zahlix rechnet die Aufgbe 744 : 3. Zuerst notiert er den ersten Schritt. So weiß er, wie viele Stellen das Ergebnis hat.

$$600 : 3 = 200$$

Erst die Hunderter.

Wie oft passt 3 in 7? 2 mal ...,

Der Hunderter-Rest.

denn 2 · 3 = 6? 1 bleibt übrig.

Dann die Zehner.

Wie oft passt 3 in 14? 4 mal ...,

Der Zehner-Rest.

denn 4 · 3 = 12. 2 bleiben übrig.

Zuletzt die Einer.

Wie oft passt 3 in 24? 8 mal ...,

denn 8 · 3 = 24. Kein Rest.

2 Dividiere wie Zahlix. Der Quotient hat immer die Quersumme 10.
a) 732 : 3   b) 975 : 3   c) 759 : 3   d) 3 351 : 3   e) 5 133 : 3

3
a) 846 : 3   b) 988 : 4   c) 794 : 2   d) 756 : 6   e) 9 364 : 2
   572 : 2   845 : 5   522 : 3   903 : 7   6 870 : 5

4 Achte auf den ersten Schritt. Dann weißt du, wie viele Stellen das Ergebnis hat.
a) 3 447 : 3   b) 2 862 : 3

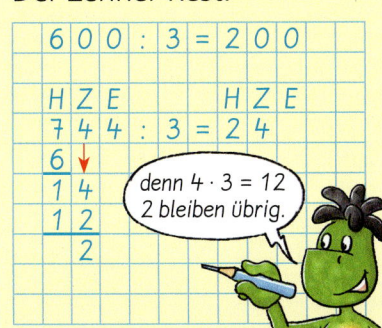

Wie oft passt 3 in 3? 1 mal.

Wie oft passt 3 in 28? 9 mal.

5 Der Quotient hat immer die Quersumme 18.
a) 9 144 : 4   b) 9 765 : 5   c) 7 722 : 6   d) 8 379 : 7   e) 9 504 : 8
   3 312 : 4   3 915 : 5   5 346 : 6   3 276 : 7   6 048 : 8

6 Dividiere die Zahlen im Sack.

10 944
5 028   6 756
3 096   1 044
7 044

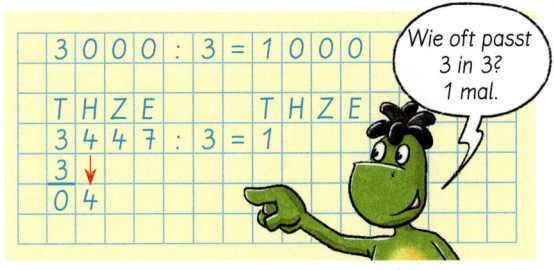

a) Alles durch 4.
261   1 257
774   1 689
963   1 761
    2 736

b) Alles durch 6.
174   838
516   1 126
714   1 174
    1 824

c) Die Hälfte.
522   2 514
1 436   3 378
1 548   3 522
    5 472

1

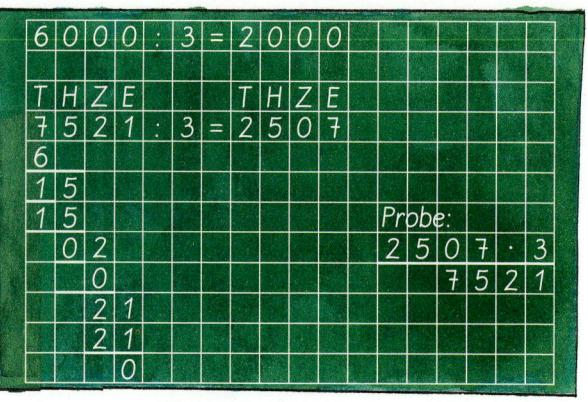

2 Achtung! Nullen im Ergebnis! Kontrolliere mit der Probe.

a) 4215 : 3   b) 8114 : 2   c) 9236 : 4   d) 75999 : 7   e) 54675 : 9

    3204 : 3   7418 : 2   7320 : 4   37149 : 7   24570 : 9

1068   1405   1830   2309   2730   3709   4057   5307   6075   8051   10857

3 Hier gibt es immer zwei Nullen im Ergebnis. Jedes Ergebnis hat die Quersumme 11.

a) 84036 : 6   b) 80252 : 4   c) 95100 : 3   d) 90171 : 9   e) 64000 : 5

    92763 : 9   96240 : 6   81040 : 2   95005 : 5   82456 : 8

4 Manchmal bleibt ein Rest übrig.

Zuletzt die Einer.   Der Einerrest.

5 a) 3704 : 3   b) 1826 : 4   c)   9215 : 9   d) 24175 : 8   e) 35390 : 7

    7037 : 3   2270 : 4   10835 : 9   25615 : 8   38540 : 7

6 Wodurch unterscheiden sich die beiden Ergebnisse?

a) 2000 : 3   b) 2500 : 3   c) 1111 : 4   d) 3333 : 4   e) 2222 : 4

    4000 : 6   5000 : 6   2222 : 8   6666 : 8   4444 : 8

7 a) Dividiere die Zahl   2521 durch alle Zahlen von 2 bis 9. Du erhältst immer den Rest 1.

    b) Dividiere die Zahl 98284 durch alle Zahlen von 5 bis 9. Du erhältst immer den Rest 4.

8 a) Beim Schulfest wurde ein Gewinn von 1076 € erzielt. Die Hälfte davon geht
    als Spende an die Welthungerhilfe.

    b) Von der anderen Hälfte sollen Bücher für die Klassenbüchereien angeschafft werden.
    Deshalb teilen sich die acht Klassen diesen Betrag. Sie nehmen aber nur einen vollen
    Euro-Betrag für jede Klasse. Der Rest kommt zu der Spende hinzu.

1

Speech bubbles:
- *Kommt, wir kaufen uns zusammen ein Aquarium.*
- *Das ist bestimmt schön.*
- *Jeder zahlt zwischen 20 und 30 Euro.*
- *Wie viel Euro zahlt jeder genau?*

79,95 €

Aquarium

```
6 0,0 0 € : 3 = 2 0,0 0 €

7 9,9 5 € : 3 = 2 6,
6
1 9
1 8
  1
```

Das sind Euro.

Jetzt die Cent.

```
6 0,0 0 € : 3 = 2 0,0 0 €

7 9,9 5 € : 3 = 2 6,6 5 €
6
1 9
1 8
  1 9
  1 8
    1 5
    1 5
      0
```

Jeder bezahlt 26,65 Euro.

2 Nun wollen die drei Kinder auch Tiere und Pflanzen für das Aquarium kaufen.
Wie teuer sind die Tiere einzeln?

a) Neons
5 Stück
2,90 €

b) Mollys
4 Stück
7,96 €

c) Guppies
8 Stück
11,60 €

d) Zebrafische
6 Stück
5,34 €

e) Pflanzen
5 Stück
10,95 €

3 a) Paul hat in einem Geschäft
Krebse gesehen. Vier Stück kosten 90 €.
b) Lisa gefallen Diskusfische besonders gut.
Fünf Stück kosten 132 €.

```
9 0,0 0 € : 4 = 2 2,
8
1 0
  8
  2
```

Jetzt kommen die Cent.

4 Insgesamt bezahlen die Kinder 174,84 Euro für das Aquarium mit Tieren und Pflanzen.
Wie viel Euro bezahlt jedes Kind?

5 a) 224,25 € : 5
432,03 € : 3

b) 328,50 € : 5
704,60 € : 4

c) 476,55 € : 9
751,45 € : 7

d) 805,98 € : 6
872,64 € : 8

32,50 €   44,85 €   52,95 €   65,70 €   107,35 €   109,08 €   134,33 €   144,01 €   176,15 €

6 Im Kopf oder schriftlich? Wie geht es schneller? Entscheide bei jeder Aufgabe neu.
Alle Ergebnisse haben die Quersumme 13.

a) 71 € : 2
47 € : 5

b) 14 € : 8
25 € : 4

c) 88,64 € : 2
28,63 € : 7

d) 90,42 € : 6
630,80 € : 2

1 Satelliten umkreisen die a) ▰▰ und senden Signale. Im Jahr 1957 wurde der erste Satellit ins b) ▰▰ geschossen. Er hieß Sputnik 1.

a) 32 000 : 8
350 : 7
540 : 6
20 000 : 5

b) 4 800 : 6
270 000 : 9
120 000 : 4

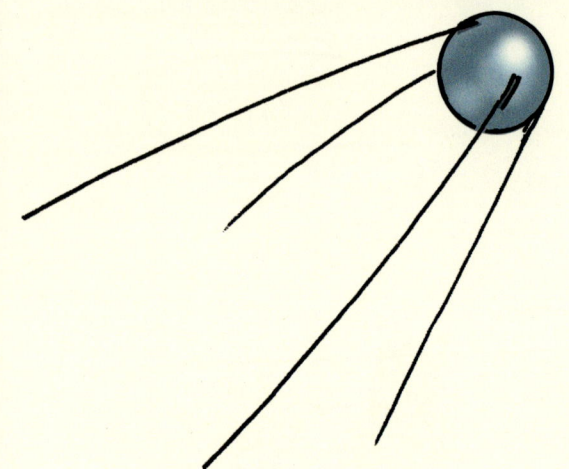

Moderne Satelliten schicken Informationen über das c) ▰▰ oder senden Fernseh- und Radioprogramme.

c) 4 500 : 9
60 000 : 2
3 200 : 8
6 300 : 9
2 400 : 3

Um die Erde kreisen auch 24 GPS-Satelliten. Sie fliegen in einer d) ▰▰ von 20 200 Kilometern.

d) 1 800 : 30
42 000 : 70
2 400 : 40
200 000 : 50

Ein GPS- e) ▰▰ empfängt die Signale auf der Erde. Es sammelt sie und wertet sie aus, rechnet und kann dann den genauen f) ▰▰ anzeigen.

e) 240 000 : 30
160 000 : 40
3 000 : 60
180 000 : 60
54 000 : 60

f) 56 000 : 700
720 000 : 800
720 000 : 900
36 000 : 900
45 000 : 500
180 000 : 900
25 000 : 500
360 000 : 400

Es gibt eingebaute Geräte für g) ▰▰ und Schiffe, aber auch tragbare Geräte für Fußgänger.

g) 320 000 : 400
18 000 : 900
720 000 : 800
140 000 : 700
48 000 : 600

20 U	40 N	50 R	60 H	80 S	90 D	200 O	400 I	500 K
600 Ö	700 M	800 A	900 T	3 000 Ä	4 000 E	8 000 G	30 000 L	

1 Zaubersterne aus verschiedenen Hundertertafeln. Ergänze die Sterne.

a)
```
72  73  74
82  83  84
92  93  94
```

b)
```
606 607 608
616 617  •
 •   •  628
```

c)
```
 •   •  279
 •  288  •
 •  298  •
```

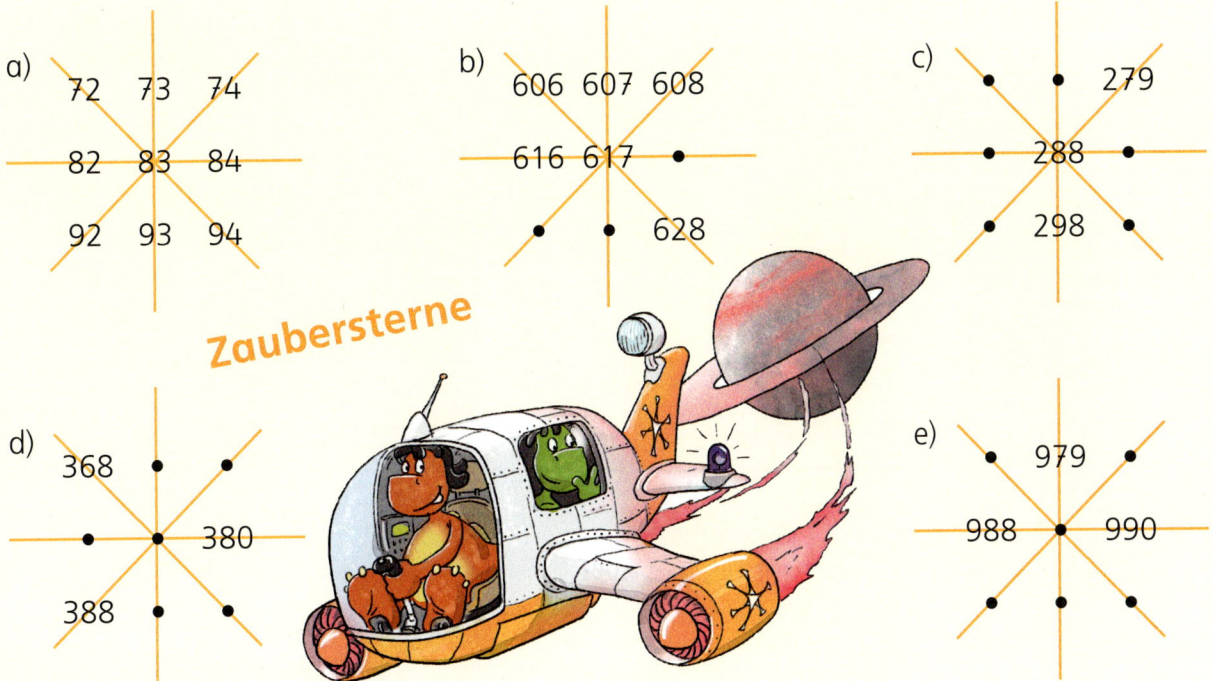

Zaubersterne

d)
```
368  •   •
 •  380
388  •   •
```

e)
```
 •  979  •
988  •  990
 •   •   •
```

 2 Hier sind drei Zahlen aus einem Zauberstern herausgefallen. Findest du ihren Zauberstern wieder?

a) 235   247   256

b) 478   489   497

c) 702   711   723

3 Vergleiche die Zahlen auf den Linien mit der Zahl in der Mitte. Erkennst du die Zauberstern-Regel?

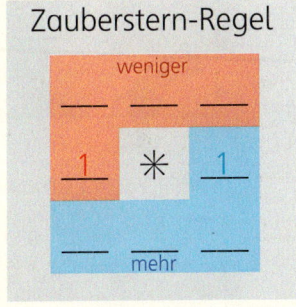

Zauberstern-Regel

weniger

1 ✳ 1

mehr

 4 a) Malt selbst einen Zauberstern.

b) Nenne deiner Nachbarin drei Zahlen aus deinem Zauberstern. Sie soll ihn wiederfinden. Worauf musst du achten, damit sie ihn finden kann?

5 Wähle einen Zauberstern.

a) Addiere auf jeder Linie die drei Zahlen, das ist die Zaubersumme. Was fällt auf?

b) Dividiere die Zaubersumme durch 3. Was fällt auf?

c) Kannst du deine Entdeckung erklären?

 6 a) Bei einem Zauberstern ist die Zaubersumme 1 869. Kannst du den Stern zeichnen?

b) Zeichne den Zauberstern mit der Zaubersumme 1 317.

7 Kannst du einen Zauberstern mit der Zaubersumme 2 627 zeichnen?

 8 Malt selbst einen Zauberstern. Addiere die drei Zahlen auf einer Linie und sage die Zaubersumme deinem Nachbar. Er soll den Zauberstern finden.

In Klasse 4b taucht das Thema Taschengeld auf.
Die Kinder beschließen eine Umfrage zu machen.
Sie entwerfen einen Text.

Taschengeld ist ein heißes Thema.

Wir machen eine Umfrage.
Selbstverständlich anonym (ohne Namen!).
Wenn ihr wollt, teilen wir euch
die Ergebnisse mit.

Nun kreuzt an und füllt aus, bitte.

Ich bin ein Mädchen ☐
ein Junge ☐
Ich bekomme regelmäßig
Taschengeld: ja ☐
nein ☐

Mein Taschengeld
pro Woche beträgt: _____ Euro.

1 Julia und Tobias werten neun Antworten aus.
Wie viele Kinder haben mehr als 3 Euro Taschengeld? Wie viele weniger als 2 Euro?

Junge/Mädchen	J	J	M	M	M	J	M	M	J
Taschengeld	3,00 €	3,00 €	2,50 €	3,00 €	2,00 €	2,00 €	2,50 €	3,00 €	4,00 €

2 Bekommen die Mädchen mehr Taschengeld als die Jungen?

Die Jungen bekommen zusammen 12 Euro, die Mädchen ▨ Euro.

Aber es sind nur 4 Jungen und 5 Mädchen.

Wenn alle Jungen gleich viel bekämen, hätte jeder 3,00 Euro.

Und wie viel bekommen die Mädchen im Schnitt?

3 Svenja und Lukas werten weitere Antworten aus, diesmal von fünf Mädchen
und sechs Jungen. Bekommen die Mädchen mehr Taschengeld als die Jungen?

M	J	J	J	M	M	J	J	M	J	M
3,00 €	2,50 €	2,00 €	2,50 €	2,50 €	3,00 €	0 €	2,50 €	2,00 €	4,00 €	2,50 €

4

Wenn wir die Jungen aus beiden Tabellen zusammen nehmen …

Zusammen 10 Jungen.
Taschengeld für alle Jungen zusammen: ▨ Euro.
Wenn jeder Junge dasselbe bekäme: ▨ Euro.

Gute Idee! Ich mache das für die Mädchen.

5 Macht selbst eine Umfrage.
Denkt euch auch einen Text aus.
Wollt ihr weitere Fragen stellen?

Ich gebe jede Woche alles aus. ☐
Ich gebe nie alles aus. ☐
Ich spare nur für besondere Fälle. ☐

1 Wie lange haben die Kinder gestern Fernsehen geschaut?
Nora sagt: „Im Schnitt haben die Kinder eine Stunde Fernsehen geschaut."
Was meint ihr? Wie hat sie gerechnet?

a)   b)   c)

2 Die Klasse 4a fragt verschiedene Gruppen von Kindern, wie lange sie gestern ungefähr
ferngesehen haben. Sie tragen die Antworten in eine Tabelle ein.

Fernsehen?	gar nicht	$\frac{1}{2}$ Stunde	1 Stunde	$1\frac{1}{2}$ Stunden	2 Stunden	$2\frac{1}{2}$ Stunden
Gruppe A				I	II	I
Gruppe B	I	I	II			I
Gruppe C		I	I	I	I	
Gruppe D	I	II	I		IIII	II

Beantworte für jede Gruppe:

a) Wie viele Kinder sind in der Gruppe?

b) Wie lange haben die Kinder der Gruppe im Schnitt Fernsehen geschaut?

3 Die Klasse 4a hat am Mittwoch eine Umfrage zum Thema Fernsehkonsum gemacht:
„Wie lange hast du gestern ungefähr Fernsehen geschaut?"

Fernsehen?	gar nicht	$\frac{1}{2}$ Stunde	1 Stunde	$1\frac{1}{2}$ Stunden	2 Stunden	$2\frac{1}{2}$ Stunden
Mädchen	II	IIII		II	II	I
Jungen		I	III	I	I	II

Haben die Mädchen oder die Jungen am Dienstag mehr Fernsehen geschaut?

4 Am Montag hat die Klasse 4a die Umfrage wiederholt.
„Wie lange hast du am Samstag ungefähr Fernsehen geschaut?"

Fernsehen?	gar nicht	$\frac{1}{2}$ h	1 h	$1\frac{1}{2}$ h	2 h	$2\frac{1}{2}$ h	3 h	4 h
Mädchen	II	I		I	II	II	III	I
Jungen			II	II	I	II		I

a) Warum gibt es wohl zwei Spalten mehr in dieser Tabelle?

b) Haben die Mädchen oder die Jungen im Schnitt am Samstag mehr Fernsehen geschaut?

1 Rechne zuerst die leichten Aufgaben im Kopf, dann die anderen in Schritten. Denke auch an die Auge-Aufgaben.

24 056	72 016	4 056
40 080	**: 8**	39 992
792		799 960
480 240		646 464

99
507
3 007
4 999
5 010
9 002
10 010
60 030
80 808
99 995

2 Aufgaben mit Rest – leichte und schwere.

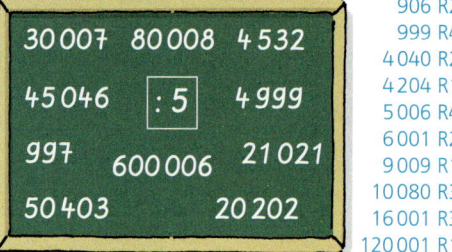

30 007	80 008	4 532
45 046	**: 5**	4 999
997	600 006	21 021
50 403		20 202

199 R2
906 R2
999 R4
4 040 R2
4 204 R1
5 006 R4
6 001 R2
9 009 R1
10 080 R3
16 001 R3
120 001 R1

3 Der Quotient hat immer die Quersumme 15.

a) 70 623 : 3   b) 74 088 : 9
   95 070 : 5   36 048 : 8
   26 880 : 7   20 508 : 4

4 Dividiere die Zahlen im Sack.

12 915
5 607 26 208
63 945 38 304
       4 851
97 965

a)
Alles durch 3.
1 617   12 768
1 869   14 764
4 305   21 315
8 736   32 655

b)
Alles durch 7.
693   4 701
801   5 472
1 845   9 135
3 744   13 995

c)
Alles durch 9.
539   2 912
623   4 256
1 435   7 105
1 635   10 885

5 Achtung: Zwei Nullen im Ergebnis.

a) 112 024 : 8   b) 120 090 : 6
   161 350 : 7   98 145 : 9

10 905   14 003   20 015   21 005   23 050

Frage – Lösung – Antwort

6 a) Drei Freundinnen fahren zusammen in den Urlaub. Sie bezahlen dafür insgesamt 1 047 €.

b) Sieben Freunde bezahlen für eine Bahnfahrt insgesamt 379,40 €.

c) Eine Viererkarte für den Bus kostet 9,60 €. Wie teuer ist eine Fahrt?

d) In einer anderen Stadt kostet eine Viererkarte 18,60 €.

2,40 €   4,65 €   6,75 €   54,20 €   349 €

7 a) Zwei Geschwister kaufen für ihre Mutter ein Geschenk zu 39,98 €.

b) Drei Geschwister kaufen für Vater eine CD. Jedes Kind gibt 7,65 €.

c) Mutter bekommt von ihren vier Kindern einen Blumenstrauß. Der Strauß kostet 15 €.

3,75 €   10,95 €   19,99 €   22,95 €

8 a) Carla hat für vier Neonstifte 3,72 € bezahlt. Ihre Freundin kauft ihr einen Stift ab.

b) Jonas hat eine Dreier-Packung Kugelschreiber für 2,49 € gekauft. Tina kauft ihm einen Kugelschreiber ab.

0,83 €   0,93 €   8,55 €

1 Ordne die Größen zu.

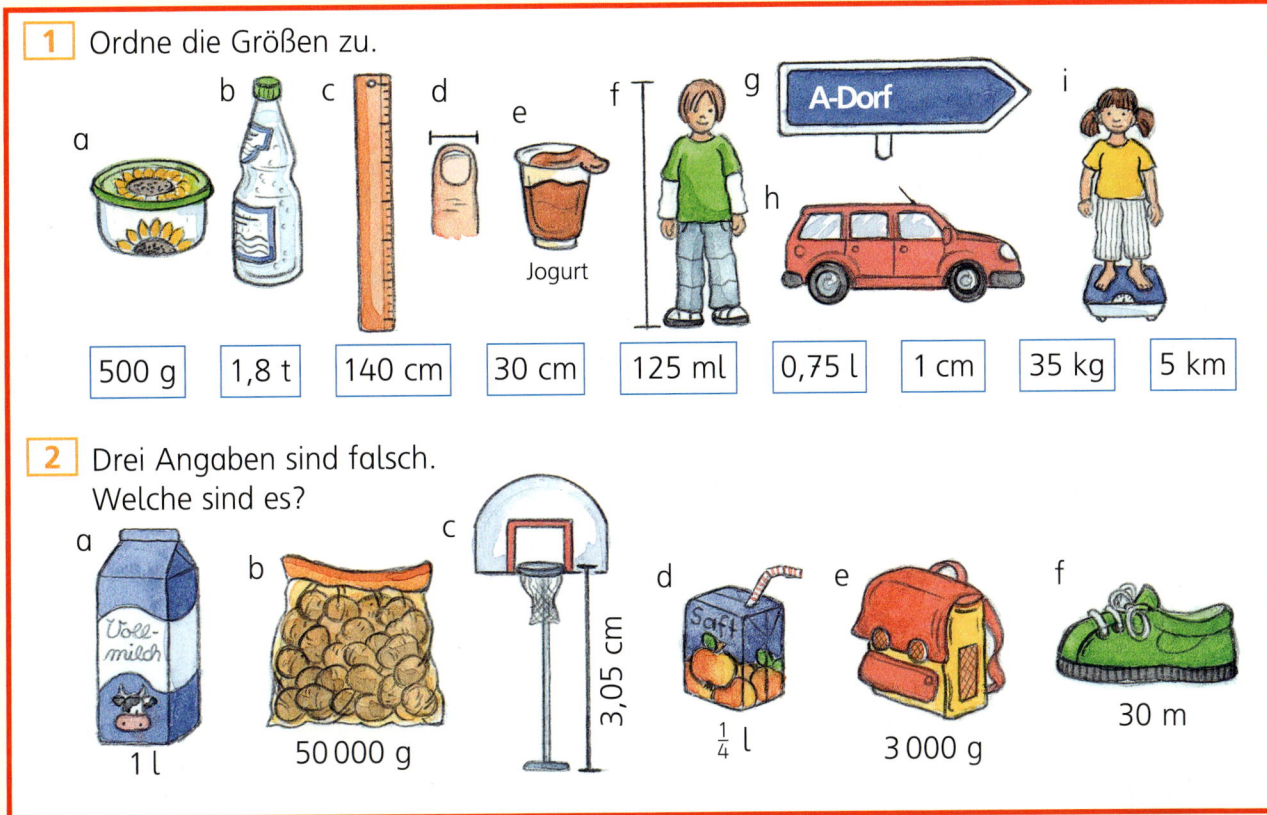

500 g	1,8 t	140 cm	30 cm	125 ml	0,75 l	1 cm	35 kg	5 km

2 Drei Angaben sind falsch.
Welche sind es?

a 1 l b 50 000 g c 3,05 cm d $\frac{1}{4}$ l e 3 000 g f 30 m

Aus der Zeitung

3

Kinder sammeln Eicheln für Süßigkeiten

Wie in jedem Jahr konnten die Kinder gestern wieder ihre gesammelten Eicheln und Kastanien in Süßigkeiten tauschen. Für jedes Kilogramm bekamen sie 5 g Süßes. Die meisten Kastanien sammelte Laura mit 80 kg. Insgesamt kamen über 10 000 kg zusammen. Für ihre Mühe bekommen die

a) Wie viel Gramm Süßigkeiten hat Laura bekommen?

b) Wie viel Kilogramm haben die Kinder insgesamt bekommen?

4

Schüler laufen für ihren Schulhof

Am Samstag starteten 240 Schüler und Schülerinnen der Marientalschule beim Sponsorenlauf. Jeder der kleinen Läufer erhielt einen halben Liter Sprudel kostenlos als Durstlöscher. Wie in jedem Jahr

a) Wie viel Liter Sprudel wurden verteilt?

b) In einem Kasten sind 20 Halbliter-Flaschen.

Wer war das?

5 a) Lina: „Mara war es."
Mara: „Florian hat es getan."
Björn: „Ich war es nicht."
Florian: „Mara hat gelogen."

Einer von den Vieren hat gelogen.
Wer hat den Ball geworfen?

b) Emma: „Ich war es nicht."
Kaja: „Lilo war es."
Noah: „Emma war es."
Lilo: „Noah hat gelogen."

Nur einer von den Vieren hat die Wahrheit gesagt.
Wer hat den Ball geworfen?

1

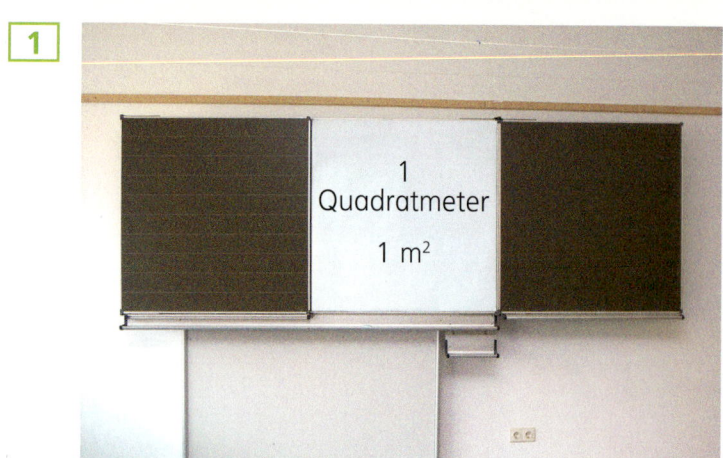 

2 Stellt ein Meterquadrat her. Jede Seite ist 1 m lang.

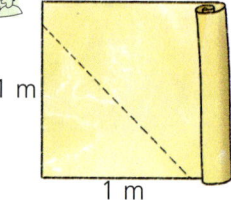 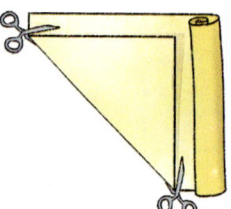

Papier abrollen.
Von einer Ecke zu beiden
Seiten 1 m abmessen.
Punkte verbinden.

Entlang der Linie falten.
Entstandenes Dreieck
ausschneiden.
Dreiecke aufklappen.

Alles genau ein Quadratmeter groß.

3 Legt mit den Meterquadraten auf dem Schulhof Flächen,
die 6 (12, 20) Quadratmeter groß sind.

4 Immer ein Quadratmeter. Was haben die Kinder gemacht?

5 Kann das sein?

Mein Zimmer ist 100 m² groß.

Leon

Unsere Wohnung ist 100 m² groß.

Maria

Unsere Garage ist 2 m² groß.

Elias

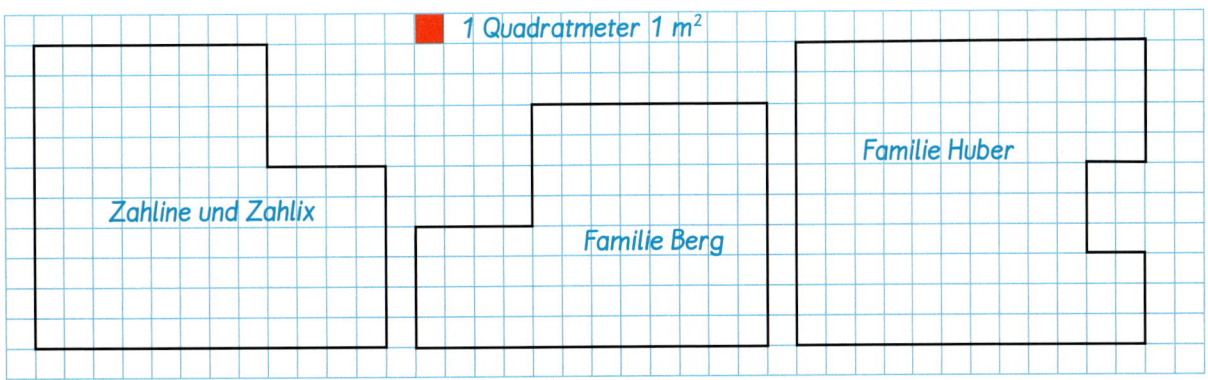

 1 Jedes Kästchen auf dem Plan ist in Wirklichkeit ein Quadratmeter groß.

a) Die Kinder haben ausgerechnet, wie groß der Garten von Zahlix und Zahline ist.
   Wie haben sie gerechnet?

Miriam:
$$10 \cdot 8\,m^2 + 6 \cdot 4\,m^2 = 104\,m^2$$
$$80\,m^2 + 24\,m^2 = 104\,m^2$$

Tim:
$$6 \cdot 12\,m^2 + 4 \cdot 8\,m^2 = 104\,m^2$$
$$72\,m^2 + 32\,m^2 = 104\,m^2$$

Nina:
$$10 \cdot 12\,m^2 - 4 \cdot 4\,m^2 = 104\,m^2$$
$$120\,m^2 - 16\,m^2 = 104\,m^2$$

b) Wie groß ist der Garten von Familie Berg?

c) Wie groß ist der Garten von Familie Huber?

2 Familie Schmitt möchte einen Garten pachten. Fünf Gärten sind noch frei.
Familie Schmitt will den Garten mit dem größten Flächeninhalt pachten.

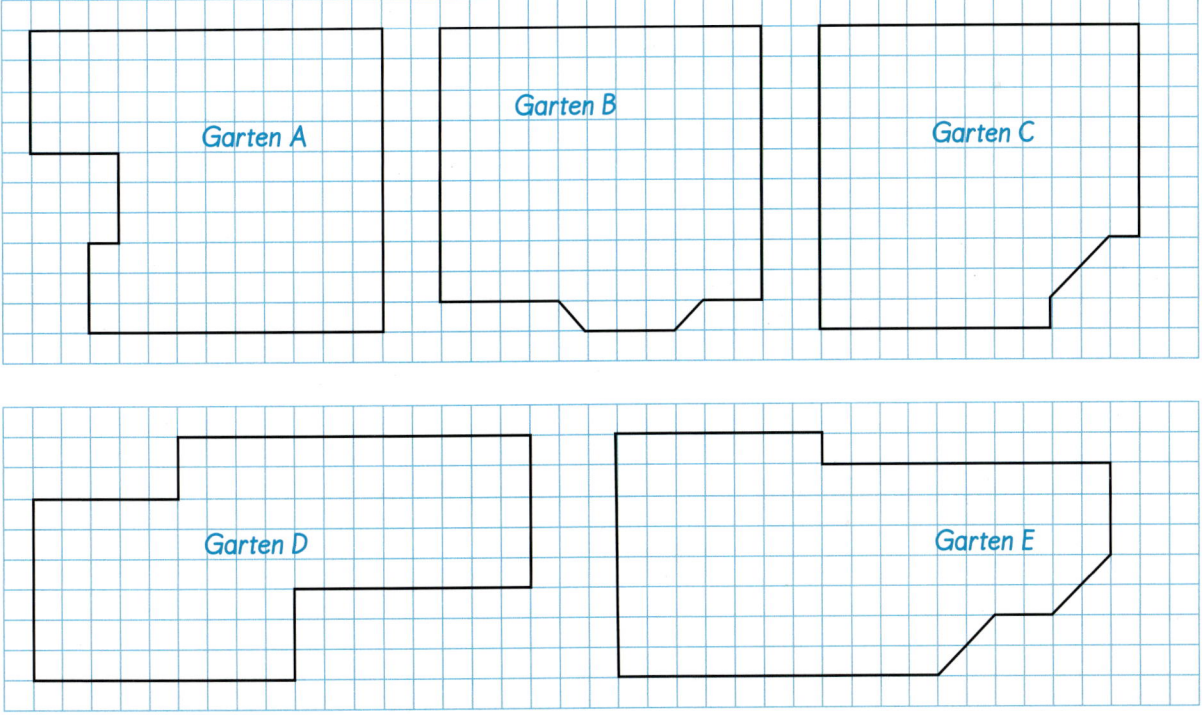

3 Zeichne immer drei verschiedene Gärten mit diesem Flächeninhalt:

a) 60 m²   b) 50 m²   c) 80 m²   d) 100 m²

4 Zeichnet einen Garten auf Kästchen-Papier.
Dein Partner berechnet den Flächeninhalt des Gartens.

1 Zahlix und Zahline teilen ihren Garten auf: Sie wollen ein Gartenhaus bauen.
Es ist 4 m lang und 3 m breit. Sie wollen auch eine Terrasse haben.
Sie soll 12 m² groß sein.

a) Zahlix hat seinen Plan schon fertig. Wie groß ist die restliche Fläche des Gartens?

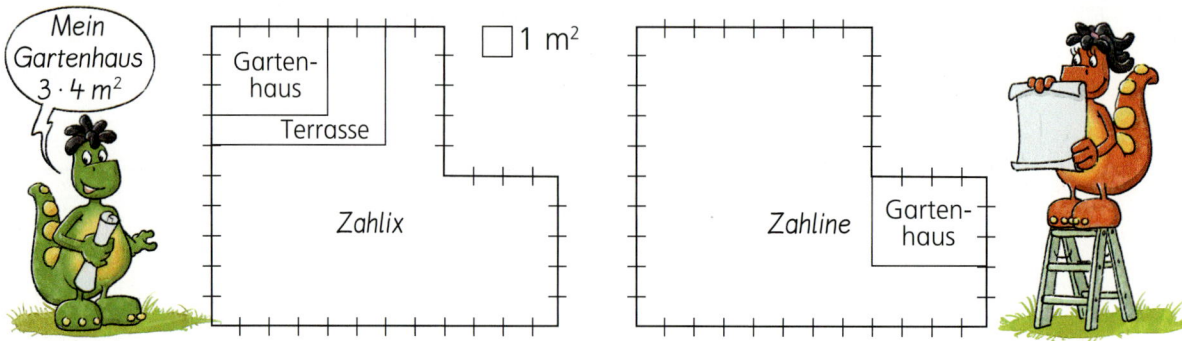

b) Zeichne den Plan von Zahline in dein Heft. Zeichne auch eine Terrasse.
Wie groß ist die restliche Fläche des Gartens?

2 a) Zeichne den Garten von Zahlix und Zahline in dein Heft.
Mache einen anderen Vorschlag für das Gartenhaus und die Terrasse.

b) Wie groß ist die restliche Fläche des Gartens?

c) In der einen Hälfte davon wird Gemüse angepflanzt, in der anderen Hälfte
wird Rasen eingesät. Färbe ein.

3 Teile diese Gärten auf: Gartenhaus 4 m lang, 3 m breit, Terrasse 12 m² groß.
Restliche Fläche: zur Hälfte Gemüse, zur Hälfte Rasen.

a) 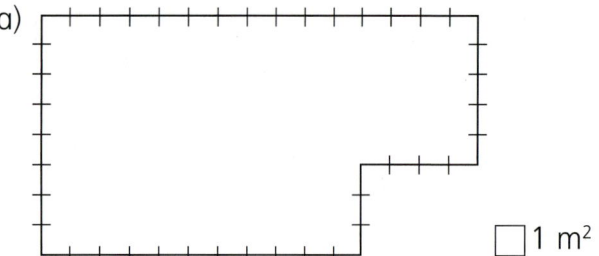 b)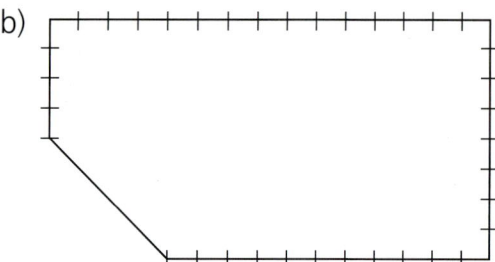

□ 1 m²

4 So wollen Familie Gröne und Familie Teppe ihre Gärten aufteilen.
Zeichne die Gärten und färbe die Flächen ein. Wie groß ist jeweils die Rasen-Fläche?

a) Familie Gröne   b) Familie Teppe

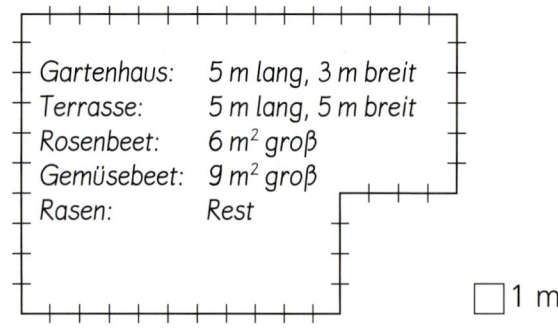

Gartenhaus: 5 m lang, 3 m breit
Terrasse: 5 m lang, 5 m breit
Rosenbeet: 6 m² groß
Gemüsebeet: 9 m² groß
Rasen: Rest

□ 1 m²

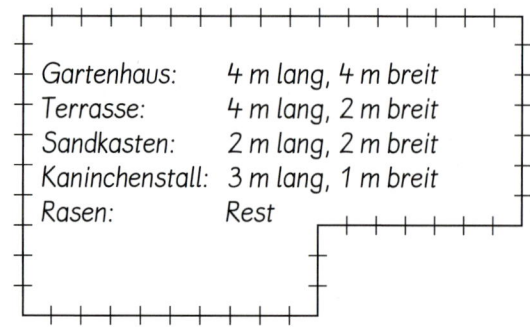

Gartenhaus: 4 m lang, 4 m breit
Terrasse: 4 m lang, 2 m breit
Sandkasten: 2 m lang, 2 m breit
Kaninchenstall: 3 m lang, 1 m breit
Rasen: Rest

5 Zeichne deinen Lieblingsgarten.
Er soll nicht größer als 120 m² sein.
Was soll alles in deinem Garten Platz finden? Zeichne und färbe es ein.
Bestimme die Größe der abgetrennten Flächen.

1 Um den Garten von Familie Neumann und Familie Steger soll ein Zaun gezogen werden.

a) Zahlix und Zahline haben ausgerechnet, wie groß der Umfang der Gärten ist.
Wie haben sie gerechnet?

Umfang:
Einmal um die
Fläche herum.

Beim Rechteck geht es kürzer:
$2 \cdot 7\,m + 2 \cdot 6\,m = \blacksquare\,m$

$6\,m + 8\,m + 10\,m + 3\,m + 4\,m + 5\,m = \blacksquare\,m$

b) Für das Gartentor wird bei jedem Garten 1,20 m Platz gelassen.

2 Flocke und Socke sind Zahlines Zwergkaninchen.
Sie sollen einen großen Auslauf bekommen.
Zahline legt mit Streichhölzern den Zaun.
Für jeden Meter legt sie ein Streichholz. Wie groß ist der Umfang?
Zahline meint: „Die Fläche ist jedesmal 9 Quadratmeter groß."
Stimmt das?

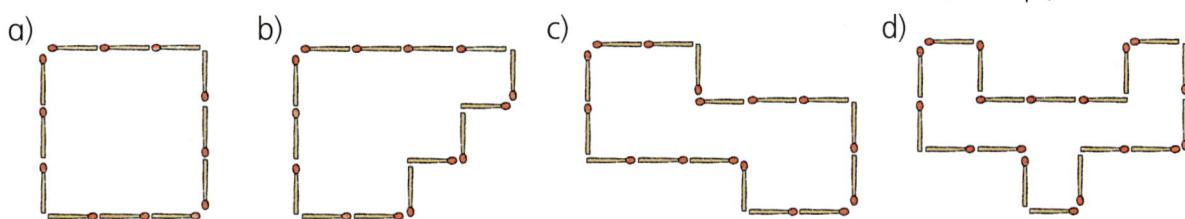

a)   b)   c)   d)

3 Ein Streichholz für 1 m Zaun: Wie groß ist der Umfang?
Wie viel Quadratmeter ist die Fläche groß?

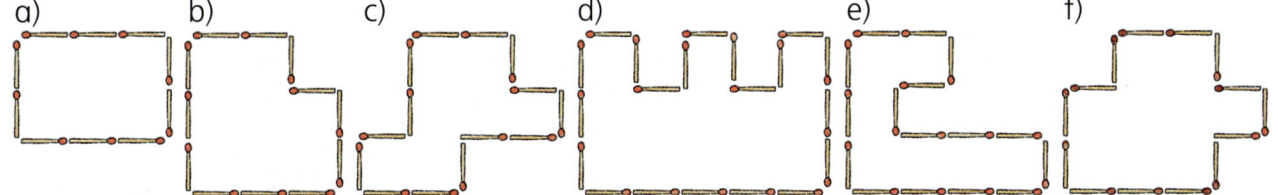

a)   b)   c)   d)   e)   f)

4 Zäune eine Fläche mit Streichhölzern ein. Nimm ein Streichholz für 1 m Zaun.

a) Die Fläche soll 16 m² groß sein.   b) Die Fläche soll 12 m² groß sein.

Es gibt mehrere Möglichkeiten. Zeichne in dein Heft.
Wie viele Streichhölzer brauchst du? Wie groß ist der Umfang?

5 Nimm 20 Streichhölzer. Zäune eine Fläche ein. Es gibt viele Möglichkeiten.
Zeichne in dein Heft. Wie viel Quadratmeter ist die Fläche jeweils groß?

6 Findest du Flächen, die aus so vielen Streichhölzern und so viel Quadratmeter bestehen?

a) 12 Streichhölzer / 8 Quadratmeter   c) 20 Streichhölzer / 16 Quadratmeter

b) 12 Streichhölzer / 9 Quadratmeter   d) 18 Streichhölzer / 8 Quadratmeter

7 a) Eine Fläche von 15 m² wird mit 16 Streichhölzern umzäunt. Zeichne in dein Heft.

b) Die Fläche soll doppelt so groß werden. Wie viele Streichhölzer brauchst du mehr?
Es gibt mehrere Möglichkeiten.

1 Bauer Hummel möchte sein Maisfeld vor Wildschweinen schützen.
Es ist 45 m lang und 30 m breit.

a) Welchen Umfang hat das Feld?

b) Der Bauer möchte Elektrodraht in drei Reihen um das Feld spannen.
Wie viel Draht benötigt er?

c) Wie teuer ist der Draht, wenn 50 m davon 12,50 € kosten?

2 Familie Klein möchte ihren Schrebergarten einzäunen. Das quadratische Grundstück
hat eine Seitenlänge von 25 m. Für die Einfahrt werden 3 m freigelassen.

a) Wie viel Meter Zaun benötigt die Familie?

b) Ein Gartenhaus von 6,50 m Länge und 4,50 m Breite soll in einer Ecke des Gartens
aufgebaut werden. Vater Klein überlegt, dass er dadurch Zaun einsparen kann.
Wie viel Meter Zaun muss er jetzt kaufen?

3 Frau Schwarzer hat für ihren 1,20 m langen und 1 m breiten Tisch eine Tischdecke
genäht, die an allen Seiten 30 cm herunter hängt. Nun möchte sie den Rand der
Tischdecke mit einer Bordüre verschönern. Wie viel Meter Bordüre muss sie kaufen?

4 Bauer Müller umzäunt die Weide für die Rinder.

a) Insgesamt werden 160 m Zaun für die Weide
benötigt. Die Weide ist 30 m breit.
Wie lang ist sie?

b) Alle 5 m steht ein Pfahl.
Wie viele Pfähle werden benötigt?

30 m   30 m

5 Die Pferdeweide soll auch umzäunt werden.
Alle 5 m steht ein Pfahl.
An der Längsseite stehen 20 Pfähle.
Insgesamt sind es 60 Pfähle.

Wie lang ist der Zaun?

Eine Skizze kann oft helfen.

6 a) Für den rechteckigen Kaninchen-
auslauf benötigt Herr Schulz insgesamt
18 m Draht. Der Auslauf soll doppelt
so lang wie breit sein.
Wie lang und wie breit ist der Auslauf?

b) Eine rechteckige Weide soll umzäunt
werden. Die Weide ist 15 m lang.
Alle 3 m steht ein Pfahl.
Insgesamt werden 18 Pfähle benötigt.
Wie breit ist die Weide?

7 Auf dem Spielplatz werden um einen Sandkasten herum vier Bretter als
Sitzfläche befestigt. Dabei sind zwei Bretter jeweils 250 cm lang, die
anderen beiden Bretter sind kürzer. Trotzdem hat das Bretterviereck außen
und innen die Form eines Quadrats (s. Skizze). Jedes Brett ist 20 cm breit.

250 cm

a) Welchen Weg legt ein Käfer zurück, der an der äußeren Kante
des Bretterviereck einmal um den Sandkasten läuft?

b) Wie lang ist der Weg, wenn er aber an der Innenkante
des Bretterviereck läuft?

1 Welche zwei Figuren kannst du jeweils zu einem Quadrat zusammensetzen?

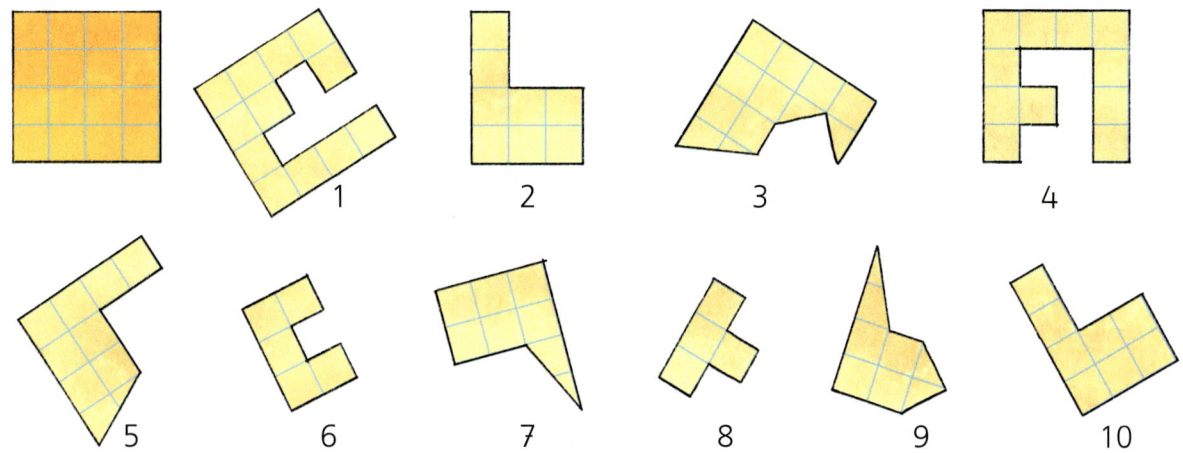

2 Welche zwei Figuren kannst du jeweils zu einem Dreieck zusammensetzen?

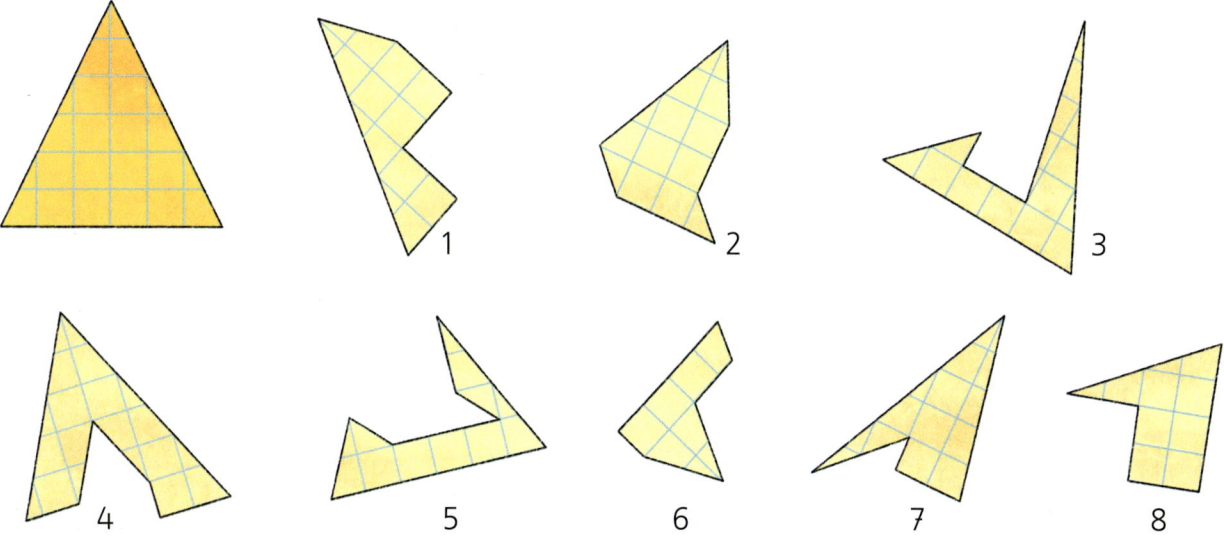

3 Welches Endbild gehört zu wem? Probiert es aus.

Start

A B C

Ich kippe nach links, dann nach hinten, dann nach rechts.

Ich kippe nach hinten dann nach rechts und dann nach hinten.

Ich kippe dreimal nach links, dann nach hinten.

Lisa

Tom

Anna

Der Duisburger Zoo wurde 1934 gegründet. Seit 1965 gibt es auch ein Delfinarium.
Heute leben dort sechs Delfine: Ivo, Dolly, Pepina, Daisy, Delphi und Donna.
Das Becken fasst 3 Millionen Liter Seewasser. Es ist das größte Delfinarium Deutschlands.
Schon mehrmals wurden dort auch Jungtiere geboren.
Delfine gehören zu den Säugetieren und sind schnelle Schwimmer. Sie erreichen eine
Geschwindigkeit von bis zu 55 km/h. Auf der Jagd können Delfine bis zu 300 m tief und
15 Minuten lang tauchen. Ein Delfin frisst 7 kg Fisch pro Tag. Seine Lieblingsspeisen sind:
Hering, Tintenfisch und Makrele. Ein großer Delfin kann zwischen 2 m und 4 m lang werden
und 150 kg bis 200 kg wiegen. Delfine haben keine Kiemen wie Fische. Darum müssen sie zum
Atmen an die Wasseroberfläche kommen. Im Schlaf atmet der Delfin etwa dreimal pro Minute,
wenn er aktiv ist, etwa dreimal so oft.

1 Stimmt das?

| Das Delfinarium gibt es seit 70 Jahren. | Ein Delfin frisst in einem halben Jahr mehr als eine Tonne Fisch. | Ein aktiver Delfin atmet in einer Stunde mehr als 1000mal. |

2 Jeden Tag wollen viele Besucher den Delfinen bei ihrem Training zusehen.
Durchschnittlich sind es etwa 1 550 Besucher. Wie viele Besucher sind das im Monat?

Erst an 3 Tagen, dann an 30 Tagen.

$$1\,550 \cdot 3$$
$$\overline{4\,650}$$

$$4\,650 \cdot 10 = 46\,500$$

Ich rechne mit Zehnern.

$$1\,550 \cdot 30$$
$$1\,550 \cdot 3\ Z$$
$$\overline{4\,650\ Z}$$

$$4\,650\ Z = 46\,500$$

$$1\,550 \cdot 30$$
$$\overline{46\,500}$$

So geht es schneller.

3 Rechne wie Zahline. Alle Ergebnisse haben die Quersumme 18.

| a) 1 550 · 90 | b) 1 584 · 40 | c) 1 449 · 50 | d) 1 635 · 60 | e) 117 · 50 |
| 3 036 · 30 | 1 404 · 60 | 2 079 · 40 | 1 758 · 30 | 363 · 90 |

4 Multipliziere die Zahlen mit 700.
Das Produkt hat immer die Quersumme 15.

123   456   789   1 203   4 506   5 046

$$\frac{123 \cdot 700}{86\,100}$$

Mit Hundertern geht es auch.

5
| a) 356 · 400 | b) 4 054 · 30 | c) 21 985 · 20 | d) 3 805 · 200 | e) 10 560 · 50 |
| 937 · 200 | 6 109 · 50 | 17 030 · 30 | 1 624 · 300 | 11 907 · 20 |

121 620   142 400   187 400   238 140   338 140   305 450   439 700   487 200   510 900   528 000   761 000

1 Zahlix und Zahline rechnen die Aufgabe 43 · 27 auf verschiedene Weise. Erkläre.

2 Rechne wie Zahlix.

a) 28 · 86	b) 56 · 34	c) 72 · 27	d) 95 · 49	e) 71 · 24	f) 99 · 99
67 · 23	38 · 42	45 · 36	28 · 35	82 · 77	55 · 66
76 · 48	75 · 93	65 · 62	58 · 85	93 · 44	88 · 55

980   1541   1596   1620   1704   1904   1944   2408   2515   3630
3648   4030   4092   4655   4840   4930   6314   6975   9801

3

a) 562 · 42	b) 506 · 46	c) 2658 · 64	d) 3808 · 76	e) 28704 · 13
843 · 27	307 · 38	1243 · 27	2048 · 63	23108 · 17
467 · 35	608 · 63	3792 · 53	6207 · 85	20806 · 15

11666   16345   18035   22761   23276   23604   33561   38304
129024   170112   200976   289408   312090   373152   392836   527595

4 Finde den Rechenfehler und schreibe die Aufgabe richtig auf.

a) 295 · 48	b) 718 · 67	c) 487 · 28	d) 974 · 51	e) 1602 · 34
1180	42680	9740	9740	4860
2360	4976	3896	4870	648
3540	45656	12536	14610	5508

5

a)
```
 ■ 8 ■ · 2 7
   7 ■ 0 0
   ■ 6 ■ 5
 ■ 0 ■ 9 5
```

b)
```
 9 3 ■ · 2 5
   ■ ■ 7 8 0
   4 ■ ■ 5
 2 ■ ■ 7 ■
```

c)
```
 3 7 2 · ■ 6
   1 ■ 1 6 0
   ■ 2 ■ ■
 ■ 3 ■ 9 2
```

d)
```
 4 7 6 · ■ 9
   ■ ■ 2 0
   ■ 2 ■ ■
 ■ 3 ■ 0 ■
```

6

456   567   678   765

Wähle zwei Zahlen und multipliziere sie.
Das Produkt hat immer die Quersumme 27.

```
4 5 6 · 5 6 7
2 2 8 0 0 0
  2 7 3 6 0
    3 1 9 2
```

Erst mal 500,
dann mal 60,
dann mal 7.

7

a) 1207 · 821	b) 3187 · 312	c) 977 · 894
2426 · 386	4026 · 237	782 · 965

754630   873438   936436   954162   973438   990947   994344

1 Aufgepasst bei Nullen!

```
3 6 7 · 7 0 8
2 5 6 9 0 0
    2 9 3 6
```

Erst mal 700, dann mal 8.

a) 367 · 708
   624 · 807
   725 · 405
   543 · 903
   474 · 408

b) 256 · 704
   792 · 609
   856 · 306
   723 · 507
   327 · 603

180 224   193 392   197 181   259 836   261 936   293 625   297 181   366 561   482 328   490 329   503 568

2

```
5 6 8 · 2 7 0
1 1 3 6 0 0
  3 9 7 6 0
```

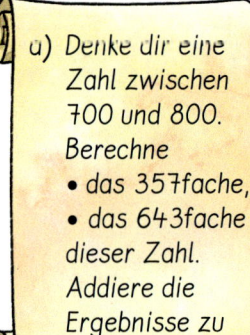

Erst mal 200, dann mal 70.

a) 568 · 270
   639 · 510
   743 · 360
   276 · 480
   635 · 440

b) 726 · 370
   572 · 290
   438 · 630
   319 · 750
   549 · 530

132 480   153 360   165 880   239 250   267 480   268 620   275 940   279 400   290 970   293 250   325 890

3 Welche Aufgabe rechnest du schneller, die obere oder die untere?

a) 2 020 · 487
   487 · 2 020

b) 707 · 456
   456 · 707

c) 809 · 222
   222 · 809

d) 560 · 404
   404 · 560

e) 303 · 777
   777 · 303

179 598   226 240   235 431   322 392   326 240   983 740

4 Beachte: Punktrechnung vor Strichrechnung. Du erhältst besondere Zahlen als Ergebnis.

a) 680 322 − 5 090 · 90
   369 240 − 6 003 · 43
   729 765 − 5 807 · 30

b) 810 051 − 237 · 605
   916 839 − 506 · 714
   855 084 − 472 · 870

c) 690 669 − 709 · 504
   997 698 − 270 · 403
   862 897 − 304 · 280

5 Multipliziere. Dann dividiere das Produkt durch 7.
Du erhältst eine Zahl, in der nur die Ziffern 3 und 6 vorkommen.

a) 294 · 873   b) 1 092 · 406   c) 1 229 · 378   d) 567 · 823   e) 5 303 · 84

6 Rechne jedes Mal wenigstens drei Beispiele.

a) Denke dir eine Zahl zwischen 700 und 800. Berechne
   • das 357fache,
   • das 643fache dieser Zahl.
   Addiere die Ergebnisse zu deiner Zahl.

b) Denke dir eine Zahl zwischen 200 und 300. Berechne
   • das 202fache,
   • das 100fache
   • das 699fache dieser Zahl.
   Addiere die Ergebnisse.

c) Denke dir eine Zahl zwischen 400 und 500. Berechne
   • das 3 280fache,
   • das 2 279fache dieser Zahl.
   Subtrahiere die Ergebnisse.

d) *Entdeckst du das Geheimnis? Kannst du selbst solche Aufgaben erfinden?*

7 Zahlix verkürzt die Schreibweise.
Du erhältst immer besondere Zahlen als Ergebnisse.

a) 851 · 546
   3 185 · 111

b) 3 367 · 159
   1 638 · 259

c) 6 216 · 143
   1 813 · 429

d) 1 443 · 168
     273 · 481

e) 1 147 · 273
   1 365 · 148

f) 5 291 · 105
   3 003 · 222

```
8 5 1 · 5 4 6
  4 2 5 5
    3 4 0 4
      5 1 0 6
  4 6 4 6 4 6
```

Immer unter der Ziffer anfangen, mit der du multiplizierst.

1

2 Rechnet in Kleingruppen. Ein Kind wählt die Aufgabe und rechnet wie Nina.
Die anderen Kinder schreiben einen Überschlag auf. Vergleicht die Überschläge.

a) 278 · 335

b) 613 · 209

c) 4 123 · 38

d) 6 523 · 55

e) 298 · 498

f) 253 · 464

g) 2 835 · 43

h) 3 440 · 76

3 In jedem Päckchen gibt es zwei falsche Ergebnisse. Das kannst du durch den Überschlag
herausfinden. Wie heißen die richtigen Ergebnisse?

a) 798 · 49 = 39 102
1 078 · 23 = 22 794
2 107 · 71 = 14 997

b) 438 · 307 = 103 466
506 · 707 = 357 742
815 · 308 = 480 940

c) 528 · 405 = 21 384
485 · 240 = 11 640
317 · 203 = 64 351

4 Mit der Blau-mal-rot-Rakete in die Welt der Zahlen.
Welche Zahlen musst du tanken, um so weit zu fliegen?

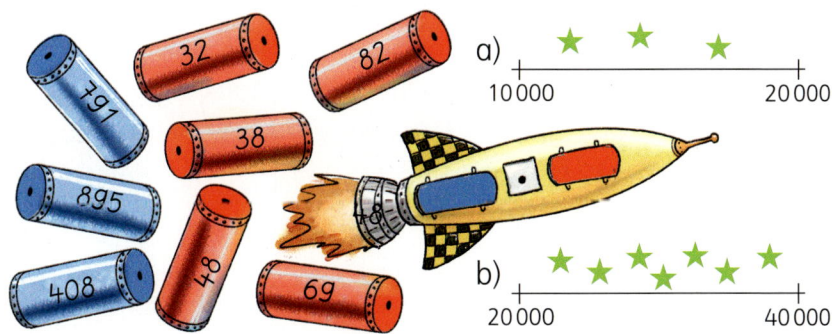

5 a) 6 300 : 7
4 800 : 6
3 000 : 5

b) 6 600 : 6
3 600 : 3
8 400 : 7

c) 27 000 : 3
48 000 : 6
72 000 : 9

d) 45 000 : 5
72 000 : 9
44 000 : 4

e) 240 000 : 6
270 000 : 3
490 000 : 7

6 a) 1 600 : 80
2 400 : 60
2 700 : 30

b) 1 800 : 30
2 000 : 50
3 600 : 40

c) 56 000 : 80
27 000 : 90
28 000 : 70

d) 5 400 : 900
4 500 : 500
2 000 : 400

e) 32 000 : 800
56 000 : 700
54 000 : 900

Schulfest

Schulandenken Klasse 4a
Schul-T-Shirt   12,85 €
Schülerzeitung   2,95 €
Tassen   3,50 €
Schulaufkleber   1,25 €

Selbstgebasteltes Klasse 4b
Kalender   10,90 €
Bilderrahmen   6,45 €
Windlichter   3,95 €
Klappkarten   2,50 €

Cafeteria Klasse 4c
Schokotorte   2,20 €
Apfelkuchen   1,45 €
Streuselkuchen   1,30 €
Tasse Kaffee   0,95 €

Beim Schulfest bekommt jede 4. Klasse einen Verkaufsstand. Am Ende des Schulfestes werden die Einnahmen ausgerechnet.

1 Die Klasse 4a freut sich. Sie hat an ihrem Stand viele Schulandenken verkauft.
a) Berechne von jedem Gegenstand den Gesamtpreis.
b) Wie hoch ist die Gesamtsumme?

```
1 2,8 5 € · 5 3
      6 4 2 5
      3 8 5 5
        1 1
    6 8 1,0 5 €
```

Abrechnung			
Gegenstand	Anzahl	Einzelpreis	Gesamtpreis
Schul-T-Shirt	53	12,85 €	681,05 €
Schülerzeitung	16	2,95 €	
Tassen	18	3,50 €	
Aufkleber	84	1,25 €	
		Gesamtsumme	

Oben Euro und Cent, unten Euro und Cent, deshalb immer zwei Stellen nach dem Komma.

2 Schreibe die Abrechnung für Klasse 4b und 4c. Rechne die Gesamtpreise und die Gesamtsumme aus.
a) Klasse 4b: 12 Kalender, 28 Bilderrahmen, 39 Windlichter, 67 Klappkarten
b) Klasse 4c: 78 Stücke Schokotorte, 134 Stücke Apfelkuchen, 162 Stücke Streuselkuchen, 218 Tassen Kaffee

3 Wie hoch ist die Gesamteinnahme des Schulfestes?

4 Die Hälfte der Gesamteinnahmen spendet die Schule für Kinder in Not.
Mit der anderen Hälfte möchte sie für einen Klassenraum neue Stühle kaufen. Reicht das Geld für 28 Stühle?

41,50 €

5 a) 60,26 € · 32   b) 57,09 € · 45   c) 90,37 € · 63   d) 8,65 € · 304
       85,34 € · 28   74,18 € · 76   48,09 € · 96   9,07 € · 690

1928,32 €   2389,52 €   2569,05 €   2629,60 €   3657,40 €   4616,64 €   5637,68 €   5693,31 €   6258,30 €

6 Multipliziere mit 105. Dann addiere die drei Beträge. Was fällt auf?
a) 8,21 €   30,57 €   61,22 €   b) 0,79 €   20,18 €   79,03 €

1 Der Brief ist gerade angekommen.
In dem Brief sind zwei Zahlen.
Auf dem Brief steht nur das Ergebnis
der Multiplikationsaufgabe.
Wie heißen die beiden Zahlen?

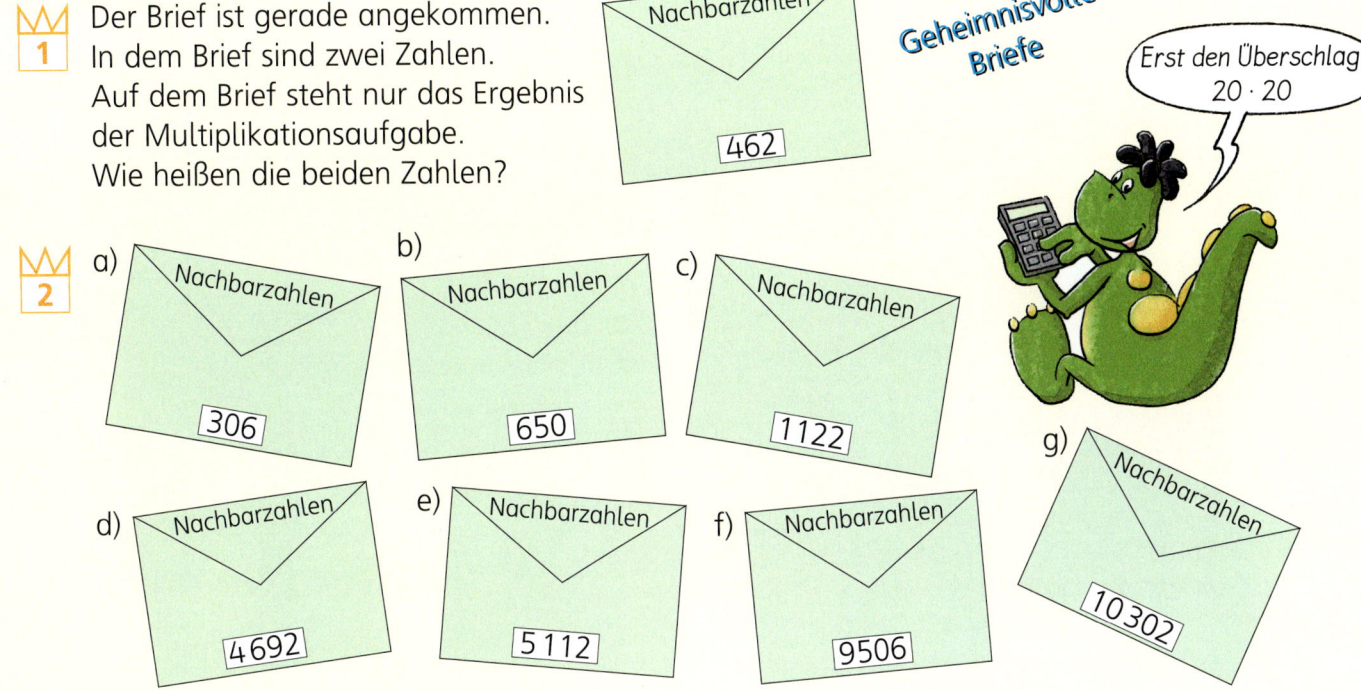

Nachbarzahlen
462

Geheimnisvolle Briefe

Erst den Überschlag
$20 \cdot 20$

2
a) Nachbarzahlen — 306
b) Nachbarzahlen — 650
c) Nachbarzahlen — 1122
d) Nachbarzahlen — 4692
e) Nachbarzahlen — 5112
f) Nachbarzahlen — 9506
g) Nachbarzahlen — 10 302

3 Schreibt zwei Nachbarzahlen auf und steckt sie in einen Briefumschlag.
Das Produkt schreibt außen auf den Briefumschlag. Wer findet die Zahlen?

4 Neue Briefe. Darin stecken zwei Zahlen mit dem Unterschied 10.

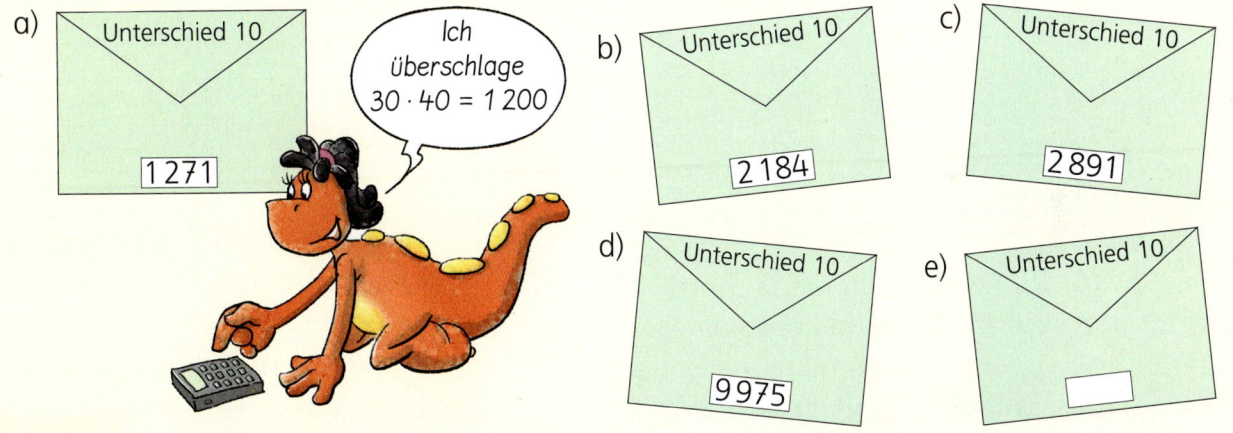

a) Unterschied 10 — 1271
Ich überschlage
$30 \cdot 40 = 1200$
b) Unterschied 10 — 2184
c) Unterschied 10 — 2891
d) Unterschied 10 — 9975
e) Unterschied 10 —

5 Schreibt zwei Zahlen mit dem Unterschied 10 auf. Steckt sie in einen Briefumschlag.
Schreibt das Produkt außen auf den Briefumschlag. Wer findet die Zahlen?

6 Hier kommen schwere Briefe an.
Darin stecken drei
aufeinander folgende
Zahlen.

$8 \cdot 9 \cdot 10 = 720$
Zu wenig!

a) 3 Zahlen in Folge — 990
b) 3 Zahlen in Folge — 6840
c) 3 Zahlen in Folge — 3360
d) 3 Zahlen in Folge — 17 550
e) 3 Zahlen in Folge —

1 Suche Konstanz auf der Karte.
Welche Städte liegen noch am Bodensee? Schreibe sie nach Ländern sortiert auf.

2 Im Mittelalter hatte Konstanz nur wenige Tausend Einwohner.
Mit Beginn der Industrialisierung setzte ein starkes Wachstum
der Bevölkerung ein.

a) Runde die Einwohnerzahlen auf Tausend.

b) Zeichne ein Balkendiagramm (1 mm für 1000 Einwohner).

1	4	1	3		
1	5	1	8		
1	7	7	3		

Jahr	1413	1518	1773	1880	1900	1925	1945	1961	1975	1995	2011
Einwohner	6 000	5 000	3 956	13 372	21 445	31 252	28 596	52 651	70 152	76 000	79 390

3 Stimmt das?

a) 1925 wohnten mehr als sechsmal
so viele Menschen in Konstanz wie 1518.

b) Im Jahr 1900 lebten nur halb so viele
Menschen in Konstanz wie 1945.

c) Finde selbst solche Vergleiche.

4 (F)

a) Erkundige dich nach der Entwicklung
der Einwohnerzahlen in deiner Stadt
(in einer größeren Stadt in deiner Nähe).

b) Zeichne ein Balkendiagramm.
Wie rundest du die Einwohnerzahl?

c) Warum sind die Einwohnerzahlen
gestiegen oder gesunken?

5 Die Entwicklung des Fährbetriebs auf dem Bodensee.

A 1928	**B 1930**	**C 1939**	**D 1952**	**E 2005**	**F 2011**
Erste Fährverbindung Konstanz – Meersburg *FS Konstanz*	Ein zweites Schiff wird in Betrieb genommen.	Das dritte Schiff kommt hinzu.	Das vierte Schiff wird in die Flotte aufgenommen.	Katamaran-Verbindung Friedrichs-hafen – Konstanz	Ältestes Fährschiff restauriert wieder in Betrieb

Lies zu jedem Ereignis die
Jahreszahl ab. Zeichne einen
Zeitstrahl in dein Heft
(1 cm für 10 Jahre).

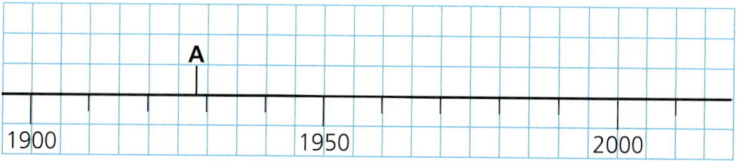

1 In den Wetternachrichten sagt der Radiosprecher:
„Gestern fielen 60 l Wasser pro Quadratmeter."
Kati liest am Messgerät ab, wie hoch das Wasser
im Messgerät steht. Was stellt sie fest?

2 Zahlix behauptet: „Bei 100 l Niederschlag pro Quadratmeter
steht das Wasser im Messgerät 100 mm hoch!"
Kann das stimmen?

a) Wie viele Würfel mit der Kantenlänge von 10 cm
liegen auf einem Quadratmeter?

b) In einen Würfel mit der Kantenlänge 10 cm passt 1 l Wasser.
Wie viel Liter Wasser passen auf einen Quadratmeter?

c) Hat Zahlix Recht?

3 Es fallen 30 l Wasser pro Quadratmeter. Wie hoch steht das Wasser?

4 Wie viel Liter Wasser pro Quadratmeter fallen, wenn das Wasser
40 mm   65 mm   2 mm   5 cm   7 cm   0,5 cm hoch steht?

5 Hier ist ein Klimadiagramm
der Stadt Konstanz.
Lies die Werte ab und übertrage sie
in eine Tabelle wie in Aufgabe 6.

> Klimadiagramme helfen,
> die monatlichen
> Durchschnittswerte
> der Niederschläge und
> Temperaturen abzulesen
> und mit anderen Orten
> zu vergleichen.

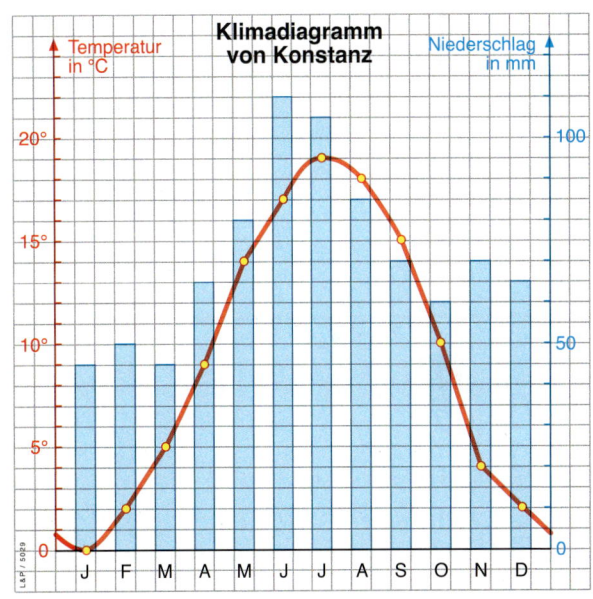

6 Die Tabelle zeigt die
Klimawerte von Mannheim.
Zeichne ein
Klimadiagramm
für Mannheim.
Nimm für 1 mm Niederschlag 1 mm und für 1 °C Temperatur ein Kästchen.

	J	F	M	A	M	J	J	A	S	O	N	D
mm	40	40	45	50	75	75	85	50	55	55	55	55
°C	2	3	7	10	15	18	20	19	15	10	5	3

7 Vergleiche die Klimawerte von Konstanz und Mannheim.

a) Was fällt dir auf?

b) Welcher Monat war jeweils der wärmste? Gib auch die Temperaturen an.

c) Welcher Monat war jeweils der kälteste? Gib auch die Temperaturen an.

d) In welchem Monat fiel jeweils der meiste Niederschlag und wie viel war es?

e) Berechne den Durchschnitt des Niederschlags von Konstanz.
Vergleiche ihn mit dem Durchschnitt von Mannheim.

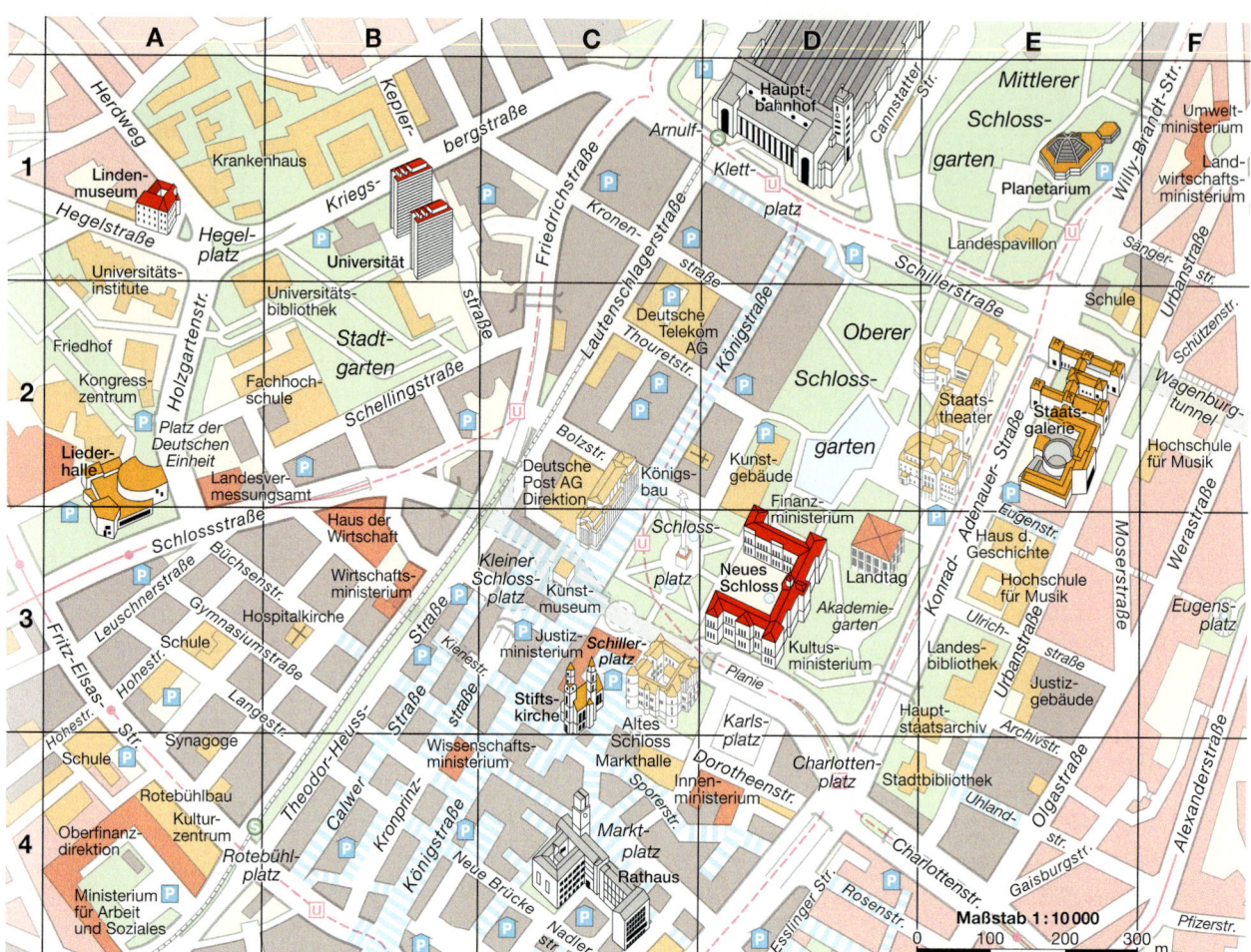

1 Nora und ihre Mutter fahren mit dem Zug nach Stuttgart.
Dort kommen sie am Hauptbahnhof an.

a) Der Hauptbahnhof liegt im Planquadrat D 1. Findest du ihn?

b) Die Königstraße ist eine der längsten verkehrsberuhigten Einkaufsstraßen Europas.
In welchen Planquadraten liegt sie?

c) Nora geht mit ihrer Mutter vom Hauptbahnhof über die Königsstraße
zum Kleinen Schlossplatz. Fahre die Strecke mit dem Finger nach.
Was sehen sie unterwegs?

2 Sie besichtigen folgende Sehenswürdigkeiten. In welchen Planquadarten liegen sie?

a) Neues Schloss   b) Lindenmuseum   c) Planetarium

d) Schillerplatz mit Stiftskirche   e) Liederhalle

3 Findest du die Orte? Zeige sie deinem Nachbarn.

a) Rathaus   b) Charlottenplatz   c) Universität   d) Staatsgalerie

4 Was liegt in diesen Planquadraten? Gib jeweils drei Dinge an.

a) C2   b) E3   c) B3

5 Stellt euch gegenseitig Fragen zum Stadtplan.

Richtung Wagenburgstraße

56 🚌	Montag – Freitag							
Münster Bf	13.10	13.20	13.30	14.10	14.20	14.30	14.40	20.10
Weserstaße	13.11	13.21	13.31	14.11	14.21	14.31	14.41	20.11
Bottroper Straße	13.12	13.22	13.32	14.12	14.22	14.32	14.42	20.12
Dessauer Straße	13.13	13.23	13.33	14.13	14.23	14.33	14.43	20.13
Nastplatz	13.14	13.24	13.34	14.14	14.24	14.34	14.44	20.14
Hallschlag	13.16	13.26	13.36	14.16	14.26	14.36	14.46	20.16
Martinskirche	13.18	13.28	13.38	14.18	14.28	14.38	14.48	20.18
Rosensteinbrücke	13.21	13.31	13.41	14.21	14.31	14.41	14.51	20.21
Bad Cann. Wilhelmsplatz	13.23	13.33	13.43	14.23	14.33	14.43	14.53	20.23
Bad Cannstatt Bf	13.25	13.35	13.45	14.25	14.35	14.45	14.55	20.25
Veielbrunnenweg	13.27	13.37	13.47	14.27	14.37	14.47	14.57	20.27
Mercedesstraße	13.30	13.40	13.50	14.30	14.40	14.50	15.00	20.30
Martin-Schrenk-Weg	13.32	13.42	13.52	14.32	14.42	14.52	15.02	20.32
Schleyer-Halle	13.34	13.44	13.54	14.34	14.44	14.54	15.04	20.34
Schlachthof	13.37	13.47	13.57	14.37	14.47	14.57	15.07	20.37
Wagenburgstraße	13.43	13.53	14.03	14.43	14.53	15.03	15.13	20.43

(alle 10 Minuten)

1 Jonas wohnt mit seinen Eltern in der Dessauer Straße. Heute will er in der Schleyer-Halle das neue Musical sehen. Die Familie fährt mit dem Bus.

Um welche Uhrzeiten fährt der Bus von der Dessauer Straße in Richtung Schleyer-Halle?

2 Jonas geht mit seiner Mutter um 14.00 Uhr von zu Hause los.
Sie gehen 5 Minuten zu Fuß bis zur Bushaltestelle.

a) Wann fährt der nächste Bus zur Schleyer-Halle?

b) Wann kommt der Bus dort an?   c) Wie lange dauert die Fahrt?

3 Jonas' Freund Kevin fährt mit seiner Mutter zur Schleyer-Halle.
Kevin wohnt an der Martinskirche. Sie steigen in denselben Bus wie Jonas.

a) Um wie viel Uhr steigen Kevin und seine Mutter in den Bus?

b) Wie lange fahren Jonas und Kevin gemeinsam Bus?

4 Jonas' Vater arbeitet am Wilhelmsplatz. Heute muss er bis halb drei arbeiten.
Er erreicht den nächsten Bus und fährt zur Schleyer-Halle.

a) Wann fährt sein Bus ab?   b) Wann ist er an der Schleyer-Halle?

c) Wie lange haben die anderen dort auf ihn gewartet?

5 Das Musical beginnt um 15.00 Uhr und dauert eineinhalb Stunden.

a) Wann ist das Musical zu Ende?

b) Um wie viel Uhr fährt der nächste Bus zurück?

c) Jonas wird um 17.00 Uhr zum Fußball-Training abgeholt. Schafft er das?

Richtung Münster Bahnhof

56 🚌	Montag – Freitag						
Wagenburgstraße	15.10	15.20	15.30	15.40		20.10	20.39
Schlachthof	15.16	15.26	15.36	15.46		20.16	20.45
Schleyer-Halle	15.19	15.29	15.39	15.49		20.19	20.48
Martin-Schrenk-Weg	15.21	15.31	15.41	15.51		20.21	20.50
Mercedesstraße	15.23	15.33	15.43	15.53		20.23	20.52
Veielbrunnenweg	15.26	15.36	15.46	15.56		20.26	20.55
Bad Cannstatt Bf	15.28	15.38	15.48	15.58		20.28	20.57
Bad Cann. Wilhelmsplatz	15.30	15.40	15.50	16.00		20.30	20.59
Rosensteinbrücke	15.32	15.42	15.52	16.02		20.32	21.01
Martinskirche	15.35	15.45	15.55	16.05		20.35	21.04
Hallschlag	15.37	15.47	15.57	16.07		20.37	21.06
Nastplatz	15.39	15.49	15.59	16.09		20.39	21.08
Dessauer Straße	15.40	15.50	16.00	16.10		20.40	21.09
Bottroper Straße	15.41	15.51	16.01	16.11		20.41	21.10
Weserstaße	15.42	15.52	16.02	16.12		20.42	21.11
Münster Bf	15.43	15.53	16.03	16.13		20.43	21.12

(alle 10 Minuten)

Burg Hohenzollern

Eintritt inklusive Führung:
Erwachsene   4,50 €
Kinder (bis 18 J.)   2,00 €

für Gruppen (mind. 20 P.)
Erwachsene   3,00 €
Kinder   1,50 €

Badkap/Albstadt

Erwachsene   7,50 €
Kinder (bis 14 J.)   4,50 €
für Gruppen (mind. 20 P.)
Erwachsene   4,80 €
Kinder   3,20 €
**Freier Eintritt für
Geburtstagskinder!**

Bärenhöhle

Preise:
Erwachsene   3,00 €
Kinder (bis 14 J.)   2,00 €
ab 20 Personen:
ab 14 Jahren   2,50 €
unter 14 Jahren   1,75 €

1 Die Klasse 4a der Don-Bosco-Schule ist in der Jugendherberge auf der Schwäbischen Alb. Die Kinder überlegen mit ihrer Klassenlehrerin, welche Ausflüge sie unternehmen wollen und wie teuer es werden wird. Was müssen sie dazu alles wissen?

2 Die Klasse beschließt die Burg Hohenzollern zu besichtigen. Für den Bus müssen sie für Hin- und Rückfahrt 135 € bezahlen. Wie teuer wird der gesamte Ausflug (27 Schüler und 2 Erwachsene)?

3

Wir waren im Badkap:

Abfahrt von der Jugendherberge	8.45 Uhr
Hinfahrt	45 Minuten
Aufenthalt im Bad	2 Stunden
Wanderung auf den Spielplatz	45 Minuten
Mittagspause	1 Stunde
Wanderung nach Albstadt	$1\frac{1}{2}$ Stunden
Stadtbummel mit Eisessen	$1\frac{1}{4}$ Stunden
Rückfahrt	$\frac{3}{4}$ Stunde
Ankunft an der Jugendherberge	?

1 Stunde = 60 Minuten
$\frac{1}{2}$ Stunde =
$\frac{1}{4}$ Stunde =
$\frac{3}{4}$ Stunde =

Zeichne einen Zeitstrahl in dein Heft. Nimm für eine Stunde vier Kästchen.
Dann trage die Zeit ein.

	Abfahrt									
8 Uhr	9 Uhr	10 Uhr	11 Uhr	12 Uhr	13 Uhr	14 Uhr	15 Uhr	16 Uhr	17 Uhr

4 Maren aus der Klasse 4a sagt: „Da ich heute Geburtstag habe, mussten die 27 Schüler und die beiden Erwachsenen im Badkap nur insgesamt 92,80 € Eintritt bezahlen!" Stimmt das?

5 Die Klasse 4b wandert in 3 Stunden 30 Minuten zur Bärenhöhle. Die Höhlenbesichtigung dauert insgesamt 1 Stunde 50 Minuten. Für den Rückweg benötigen die Schüler 1 Stunde 5 Minuten weniger als auf dem Hinweg. Um 17.00 Uhr sind sie wieder zurück. Wann begannen sie morgens die Wanderung?

Welche Fragen kannst du sofort beantworten? Bei welchen Fragen musst du rechnen?
Welche Fragen kannst du nicht beantworten?

1 An welchem Tag hat Anne mit ihren Eltern die neue Schule besucht?

2 Wie weit ist Annes neue Schule von zu Hause entfernt?

3 Wie viele Kilometer muss Anne bald täglich für ihren Schulweg zurücklegen?

4 Wie viele Kilometer sind das in einer Schulwoche?

5 Wie lang ist der Flur in Annes neuer Schule?

6 Was hatte Toms Vater zu erledigen?

7 Wie viel Meter ist Tom zu viel gelaufen?

8 Hat Sabine recht mit ihrer Behauptung? Begründe deine Antwort.

9 Wie viel Platz bleibt auf der Wandzeitung noch für die anderen Gruppen übrig?

Liebe Oma,

in unserer Projektwoche haben wir jeden Tag etwas zu den weiterführenden Schulen erarbeitet.

Der schönste Tag war der Samstag, weil wir mit unseren Eltern die neuen Schulen angeschaut haben.

Papa, Mama und ich sind mit dem Bus gefahren, weil meine neue Schule 14,2 km weit weg ist.

Es hat mir dort eigentlich alles super gefallen!

*Mein neuer Klassenraum liegt ganz am Ende des Flures. Er ist 6,5 m lang wie die anderen fünf Klassenräume auf dem Flur auch.
Kannst du dir vorstellen, wie lang der Weg zu meinem Klassenraum ist?*

Am Montagmorgen haben wir von unserem Besuch in der Schule erzählt. Tom hat fürchterlich geschimpft. Sein Vater wollte nämlich vor der Schulführung noch etwas erledigen. Tom schätzt, dass sie insgesamt 3,5 km gelaufen sind, und das, obwohl die Schule nur 1 900 m entfernt liegt.

Sabine hat mal wieder angegeben. Sie meinte, dass sie in einer Schulwoche weniger Kilometer zur neuen Schule zurücklegen muss als ich an einem Tag. Glaubst du das? Ihre Schule liegt nur 2,5 km entfernt.

Morgen wollen wir unsere Plakate aus der Projektwoche an einer 5 m langen Wand aufhängen. Unser Plakat ist schon 80 cm breit. Da bleibt für die anderen vier Gruppen ja noch genug Platz, oder?

Ich schicke dir ein Foto von meiner neuen Schule mit.

*Liebe Grüße
deine Anne*

1 Nele spielt gerne „Mensch ärgere dich nicht". Sie wählt immer die roten Steine.
Hier sind Zwischenstände aus verschiedenen Spielen zu sehen.

Spiel 1

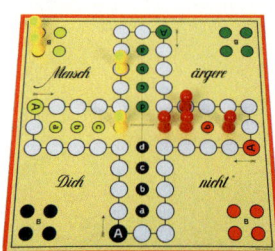

Spiel 2

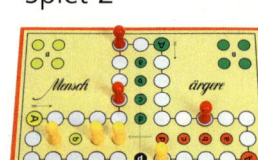

Spiel 3

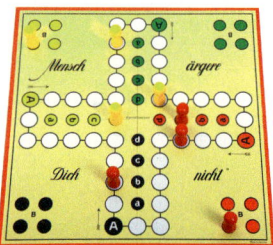

Was meint ihr: Wird sie gewinnen? Schätzt die Wahrscheinlichkeit dafür ein.

Das ist	unmöglich	unwahrscheinlich	wahrscheinlich	sicher
Das passiert	nie	selten	häufig	immer

2 Schwarz gegen Grün. Wird Schwarz gewinnen? Schätzt die Wahrscheinlichkeit dafür ein.

Spiel 1

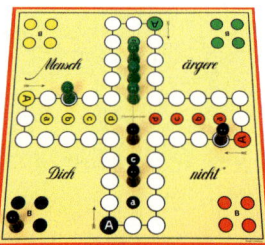

Spiel 2

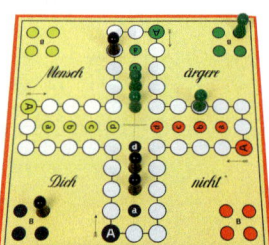

Spiel 3

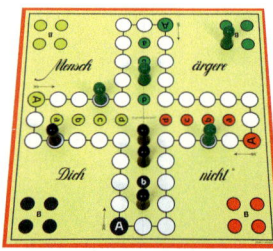

 3 Geburtstage am selben Tag, im selben Monat: Zahlix hat verschiedene Ereignisse
aufgeschrieben. Was meint ihr? Passiert das Ereignis häufig oder selten?
Ist es wahrscheinlich oder unwahrscheinlich?
Wo würdet ihr es auf dem Wahrscheinlichkeitsstreifen einordnen?

a) *Zwei Kinder in der Klasse haben am selben Tag Geburtstag.*

b) *Zwei Kinder in der Klasse haben am 30. Februar Geburtstag.*

c) *Zwei Kinder in der Klasse haben im September Geburtstag.*

d) *Es gibt einen Monat, in dem mindestens zwei Kinder in der Klasse Geburtstag haben.*

e) *Es gibt einen Monat, in dem mehr als zehn Kinder in der Klasse Geburtstag haben.*

4 Schätzt auch für diese Ereignisse die Wahrscheinlichkeit
auf dem Wahrscheinlichkeitsstreifen ein.

a) *Mindestens ein Kind in der Schule hat am 24. Dezember Geburtstag.*

b) *Kein Kind in der Schule hat am 30. Februar Geburtstag.*

c) *Mindestens zwei Kinder in der Schule haben im Dezember Geburtstag.*

d) *Es gibt einen Monat, in dem kein Kind in der Schule Geburtstag hat.*

e) *Es gibt einen Monat, in dem mehr als zehn Kinder in der Schule Geburtstag haben.*

Das ist	unmöglich	unwahrscheinlich	wahrscheinlich	sicher
Das passiert	nie	selten	häufig	immer

Würfelspiel
- Würfelt mit zwei Würfeln.
- Berechnet das Produkt der Augenzahlen.

Augenprodukt 15.

1 Schätzt ein: Ist das Ereignis unmöglich, unwahrscheinlich, wahrscheinlich oder sicher? Wo würdet ihr es auf dem Wahrscheinlichkeitsstreifen einordnen? Könnt ihr eure Entscheidung begründen?

| a) Augenprodukt größer als 30 | b) Augenprodukt kleiner als 20 | c) Augenprodukt kleiner als 5 | d) Augenprodukt 11 |

2 Spielt das Würfelspiel zu zweit. Jedes Kind wählt eine Ereigniskarte aus Aufgabe 1. Es wird abwechselnd gewürfelt. Passen die gewürfelten Augenzahlen zu der Ereigniskarte, erhält das Kind einen Punkt. Das Spiel endet, wenn 10 Punkte verteilt sind.

3 Manche Augenprodukte kommen häufiger vor als andere. Schreibt die Tabelle vollständig in euer Heft.

a) Welche Augenprodukte kommen in der Tabelle nur einmal vor?
b) Welche Augenprodukte kommen am häufigsten vor?
c) Welche Zahlen unter 20 kommen nie als Augenprodukte vor?

gelber Würfel

·	1	2	3	4	5	6
1	1	2	3	4	5	6
2	2	4	6	8	10	12
3	3	6	9	12	15	18
4						
5						
6						

weißer Würfel

4 Schreibt zu jeder Ereigniskarte in Aufgabe 1 auf, wie häufig das Augenprodukt in der Tabelle vorkommt.

5 Schreibt zu jeder Ereigniskarte auf, wie häufig das Augenprodukt vorkommt.

| a) Augenprodukt ungerade | b) Augenprodukt gerade | c) Augenprodukt eine Quadratzahl | d) Augenprodukt durch 3 teilbar |

6 Dasselbe Würfelspiel, andere Ereigniskarten. Immer zwei Ereigniskarten haben dieselbe Gewinnchance. Welche sind es?

| a) Augenprodukt größer als 5 | b) Augenprodukt Zahl der 6er-Reihe | c) Augenprodukt kleiner als 17 | d) Augenprodukt Zahl der 4er-Reihe |

7 Wählt zwei Ereigniskarten mit gleichen Gewinnchancen aus Aufgabe 6. Würfelt abwechselnd. Passen die gewürfelten Augenzahlen zu der Ereigniskarte, erhält das Kind einen Punkt. Das Spiel endet, wenn 10 Punkte verteilt sind.

1 Die Kinder sortieren die Gegenstände. Was gehört auf den Kegel-Tisch, was auf den Pyramiden-Tisch, was auf den Zylinder-Tisch?

2 Welcher Körper ist es?

a)

Mein Körper hat zwei Kanten, drei Flächen und keine Ecke.

b) Mein Körper hat eine Spitze, zwei Flächen und eine Kante.

c) Mein Körper hat fünf Ecken, fünf Flächen und acht Kanten.

d) Mein Körper hat nur eine Fläche und keine Kanten.

3 Welche Körper sind es? Manchmal gibt es mehrere Möglichkeiten.

a) *Er kann rollen und fest stehen.*

b) *Alle Kanten sind gleich lang.*

c) *Er kann gut gestapelt werden.*

d) *Ganz gleich wo man ihn durchschneidet, man sieht immer einen Kreis.*

4 Stimmt das?

a) *Eine Kugel sieht von allen Seiten gleich aus.*

b) *Würfel und Quader haben gleich viele Ecken und Kanten.*

c) *Eine Pyramide und ein Kegel sehen von unten gleich aus.*

d) *Am Zylinder kannst du zwei Kreisflächen fühlen.*

1 Welche Verpackungen sind es? Ordne zu. Schreibe so: A = 3

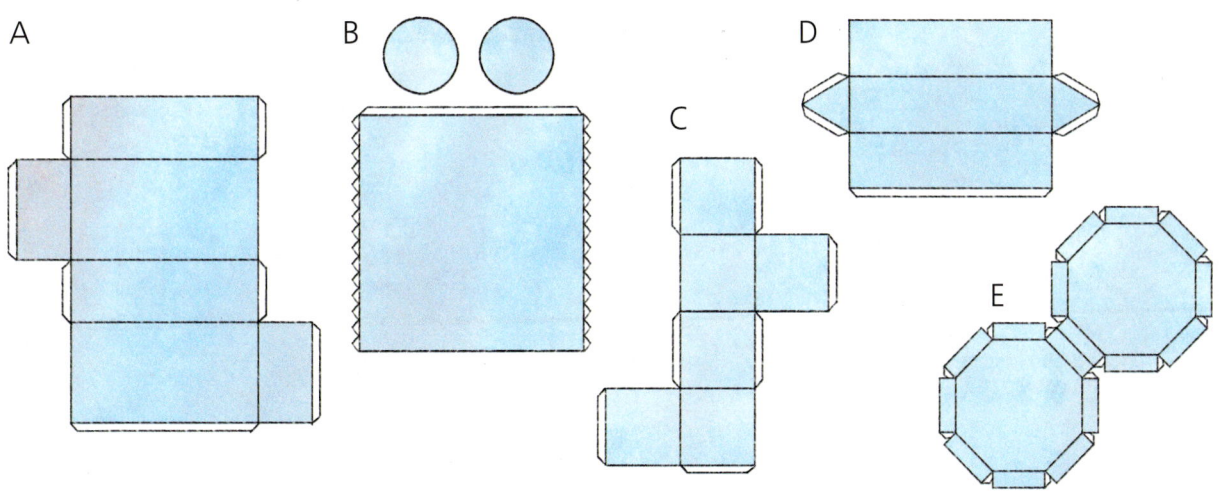

A
B
C
D
E

2 Zu welchen Körpern gehören diese Körpernetze?

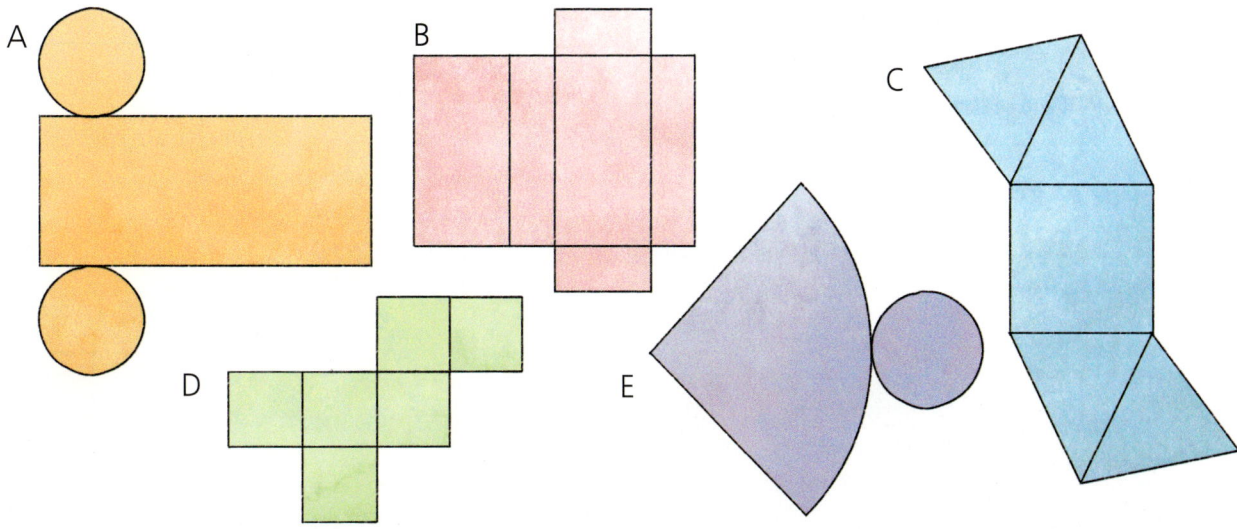

A
B
C
D
E

1 Aus welcher Himmelsrichtung (Norden, Süden, Osten, Westen) siehst du die Körper so?

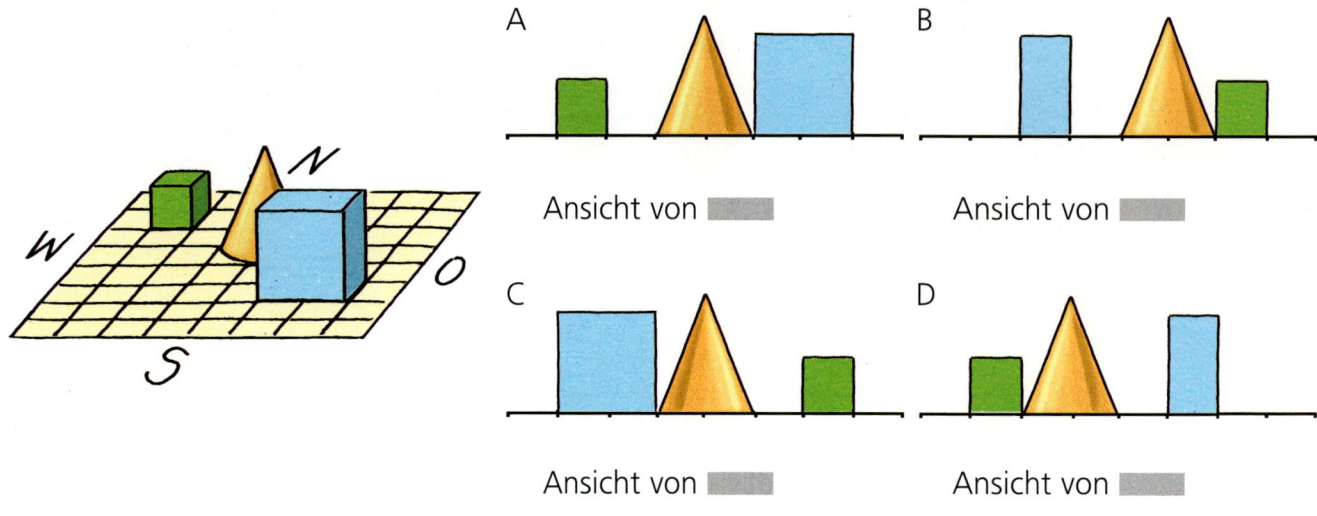

A

Ansicht von ▨

B

Ansicht von ▨

C

Ansicht von ▨

D

Ansicht von ▨

2 Aus welcher Himmelsrichtung siehst du die Körper so?

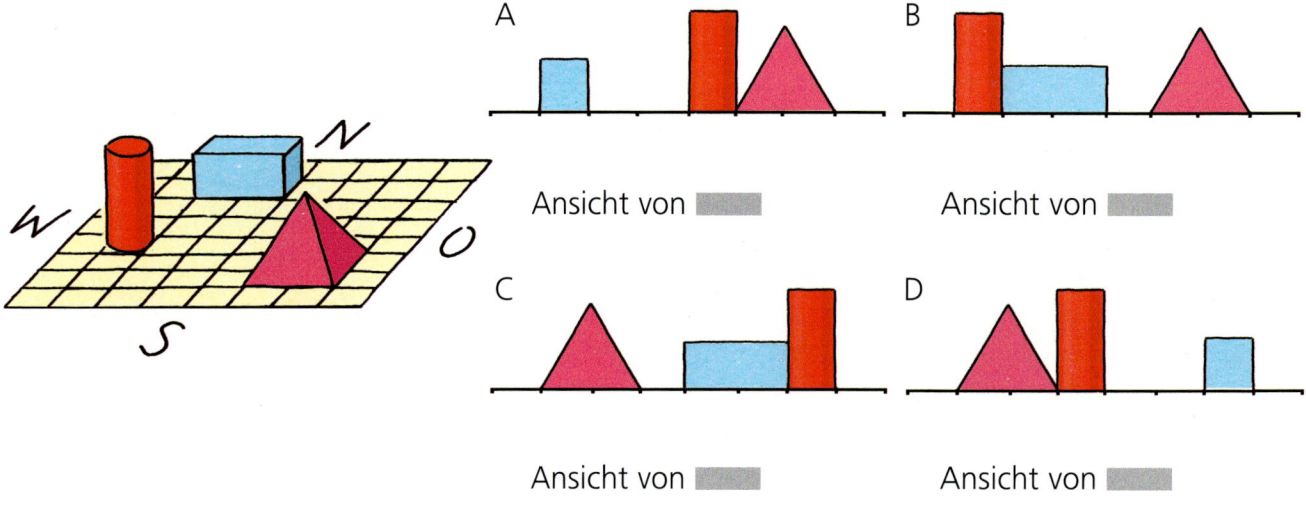

A

Ansicht von ▨

B

Ansicht von ▨

C

Ansicht von ▨

D

Ansicht von ▨

3 a) Aus welcher Himmelsrichtung siehst du die Körper so?
b) Zeichne die fehlenden Ansichten.

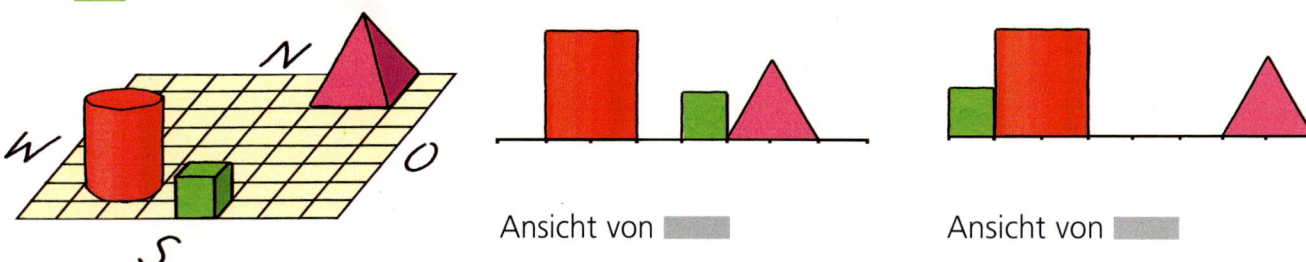

Ansicht von ▨

Ansicht von ▨

4 a) Aus welcher Himmelsrichtung siehst du die Körper so?
b) Zeichne die fehlenden Ansichten.

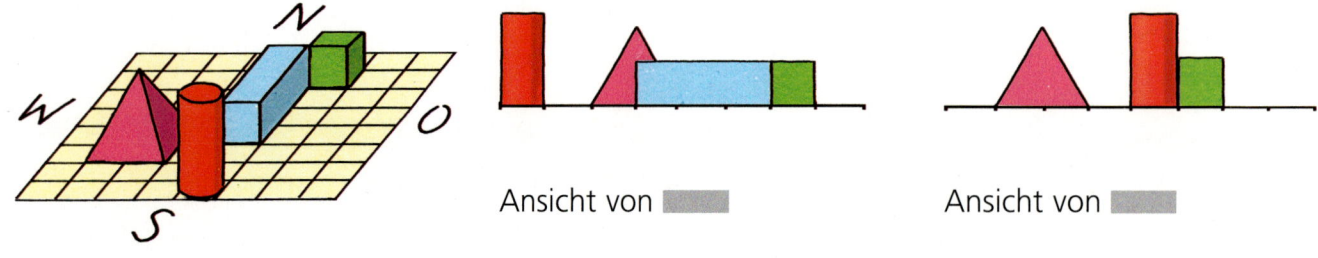

Ansicht von ▨

Ansicht von ▨

1 Aus wie vielen Würfeln besteht der Quader?
Wie haben die Kinder gerechnet?

> Fünf 3er-Türme nebeneinander und das zweimal.

Enno

> Eine Schicht besteht aus 2 Reihen mit je 5 Würfeln. Es gibt 3 Schichten.

Lilo

> Zwei 3er-Türme hintereinander und das fünfmal.

Tom

2 Aus wie vielen Würfeln bestehen die Quader? Beschreibe, wie du gerechnet hast.

a) b) c)

3 In die Kiste sollen kleine Würfel gelegt werden. Wie viele Würfel passen hinein?

a) b) c) d)

4 Wie viele Würfel passen in eine Reihe? Wie viele in eine Schicht?
Wie viele Schichten sind es?

a) b) c)

36 Würfel   60 Würfel

> In meine Kiste passen 30 Würfel.

5 Wie viele kleine Würfel passen in diese Kisten?

a) b)

> Der kleine Würfel hat die Kantenlänge 1 cm.

a) 2 cm, 2 cm, 2 cm

b) 3 cm, 4 cm, 2 cm

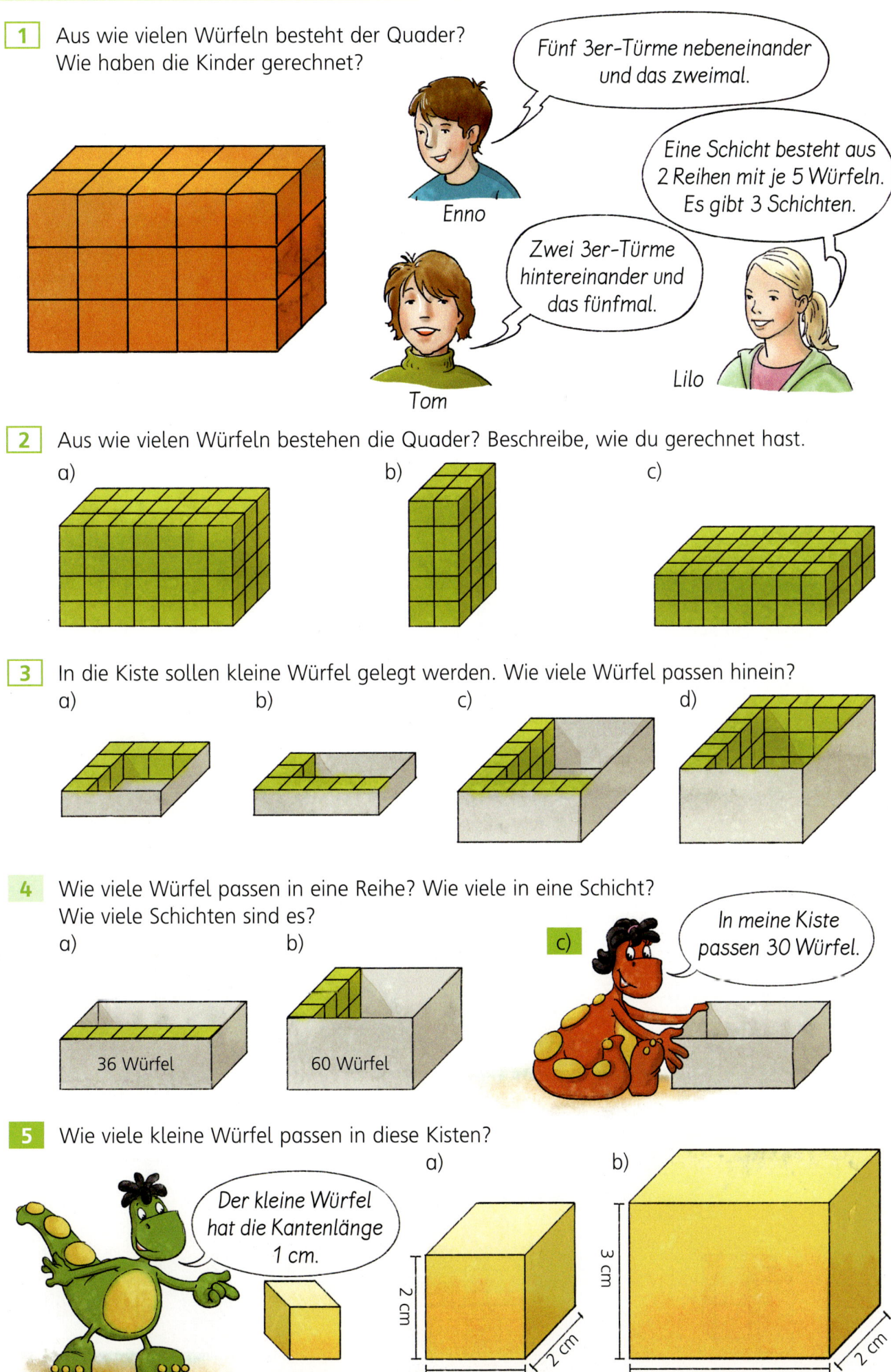

1 Wie viele Würfel passen in eine Reihe, wie viele in eine Schicht?
Wie viele Schichten sind es?
Schreibe dann die Anzahl der Würfel auf, die in den Karton passen.

a)
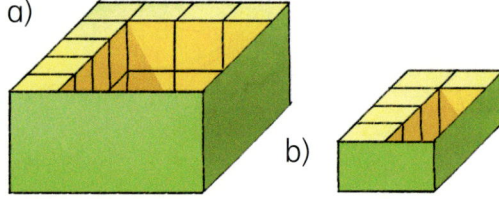
b)

c)
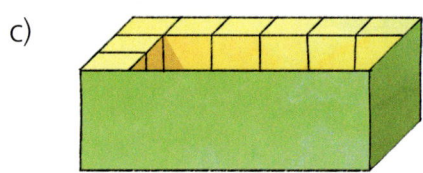

d)
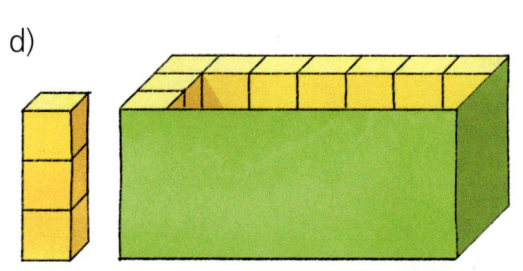

2 Würfeln mit zwei Würfeln. Was ist wahrscheinlicher?

a) Produkt der Augenzahlen ist ungerade — oder — Produkt der Augenzahlen ist kleiner als 15

b) Produkt der Augenzahlen ist größer als 6 — oder — Produkt der Augenzahlen ist kleiner als 20

c) Produkt der Augenzahlen ist 15 — oder — Produkt der Augenzahlen ist 23

3 Aus welcher Himmelsrichtung (Norden, Süden, Osten, Westen) siehst du die Körper?

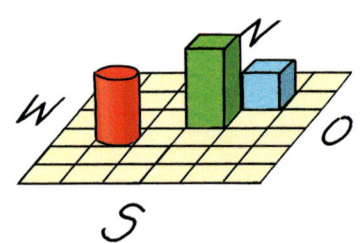

a) Ansicht von ▨

b)  Ansicht von ▨

4 Tina will aus kleinen Würfeln einen großen bauen. Wie viele Würfel braucht sie noch?

a)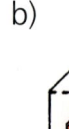

b)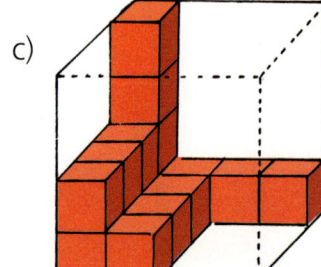

c)

1 Welches Zimmer ist größer?
Wie viel Quadratmeter sind es?

a)

b)

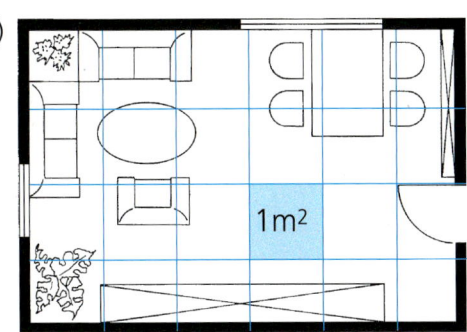

1m²

2 Wie viel Quadratmeter sind es?

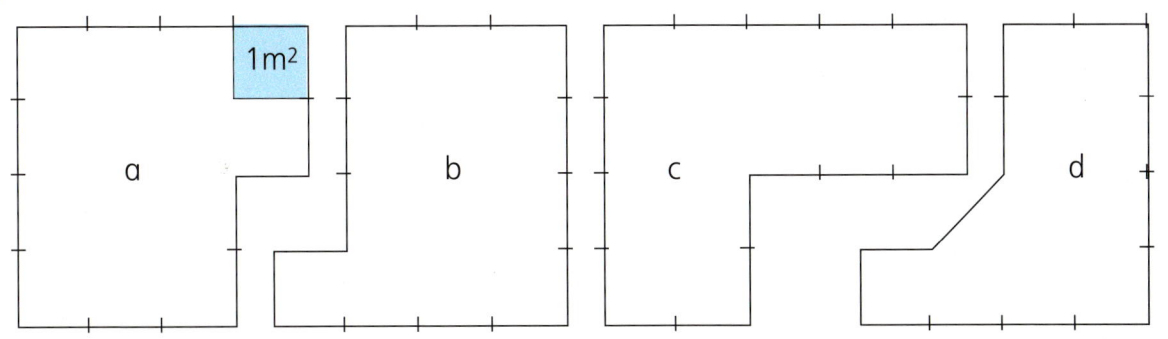

1m²

a   b   c   d

3 Wie viel Meter sind es?
a) 3 km   7,5 km   9,05 km
b) $1\frac{1}{2}$ km $3\frac{1}{4}$ km $4\frac{3}{4}$ km

4 Wie viel Milliliter sind es?
a) 2 l   4,5 l   3,7 l   5,8 l
b) $1\frac{1}{4}$ l $2\frac{1}{2}$ l $3\frac{1}{8}$ l $3\frac{3}{4}$ l

5 Wie viel Kilogramm sind es?
a) 4 t   7 t   8,5 t   10,06 t
b) $2\frac{1}{2}$ t $4\frac{1}{4}$ t $6\frac{3}{4}$ t $8\frac{1}{8}$ t

6 Ordne nach dem Gewicht.
Beginne mit dem leichtesten.

a)   4,4 t $4\frac{1}{4}$ t   4 040 kg

b)   3 t 18 kg   318 kg $3\frac{1}{8}$ t

7 a) 7,08 € · 6   b) 35,70 € : 6
3,45 € · 8   49,84 € : 7

5,95 €   7,12 €   9,42 €   27,60 €   42,48 €

8 a) Wie viele   b) Wie viele
Quadrate   Dreiecke
siehst du?   siehst du?

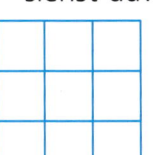

9 Welches Puzzleteil
ergibt zusammen
mit A ein Quadrat?

A

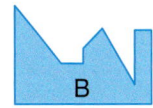

B

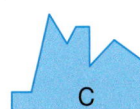

C

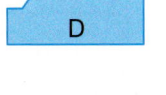

D

10 Welches Dreieck hat die größte Fläche?
Welches Dreieck hat die kleinste Fläche?

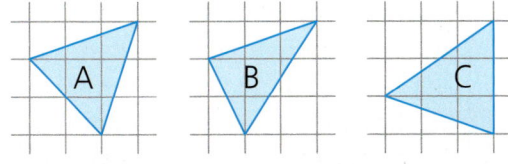

A   B   C

Bienenkönigin
Sie ist etwa 23 mm lang
und 0,23 g schwer.
Sie legt etwa 2 000 Eier
pro Tag.

Drohne
Sie ist etwa 16 mm lang
und 0,2 g schwer.
Sie befruchtet die Königin.
Sie kann nicht stechen.

Arbeiterin
Sie ist etwa 13 mm lang
und 0,1 g schwer.
Sie hat viele
unterschiedliche Aufgaben.

Die Wohnung der Bienen heißt Bienenstock.
Dort leben drei Bienenwesen: die Bienenkönigin,
die Drohnen und die Arbeiterinnen.

1 a) Welches ist das längste der drei Bienenwesen?
b) Wie viel ist es größer als die anderen?

2 a) Welches ist das schwerste der drei Bienenwesen?
b) Wie viel ist es schwerer als die anderen?

3 Welches Bienenwesen ist für den Menschen am wenigsten gefährlich?

4 a) Wie lange leben die Arbeiterinnen?
b) Welche Aufgaben erledigen sie in ihrem
Leben?
c) Wie viele Tage lang erfüllen die
Arbeiterinnen die einzelnen Aufgaben?

Leben und Aufgaben der Arbeiterinnen
1. – 3. Lebenstag: putzen
4. – 11. Lebenstag: Nachwuchs versorgen
12. – 18. Lebenstag: Waben bauen
19. – 21. Lebenstag: Wache halten am Stock
22. – 30. Lebenstag: Nektar sammeln

5 Die Zeit im Jahr, in der die Königin Eier legt, nennt man auch Legezeit.
Die Legezeit beginnt im Februar und dauert etwa sechs Monate.
a) Wann endet die Legezeit?
b) Wie viele Eier legt die Königin in dieser Zeit ungefähr?

Warum sind die Zellen einer Bienenwabe sechseckig?
Je mehr Ecken ein regelmäßiges Vieleck hat, desto kleiner ist
der Umfang bei gleichem Flächeninhalt. Für eine runde Zelle
benötigten die Arbeiterinnen also am wenigsten Wachs.
Bei einer Wabe aus runden Zellen würden aber Hohlräume
zwischen den Zellen entstehen: Platzverschwendung.
Nur beim Dreieck, Quadrat und Sechseck entstehen keine
Hohlräume. Sechseckige Zellen bieten also den größtmöglichen
Platz bei geringstem Wachsverbrauch.

Das ist der Imker Lung. Er sorgt für einen geschützten Bienenstock und für die Gesundheit seiner Bienenvölker. Dafür darf er die Produkte der Bienen ernten.
Honig ist der Wintervorrat der Bienen. Wird er ihnen weggenommen, so muss der Imker den Bienen Ersatzfutter geben. Er nutzt dafür Zuckerwasser.
Für die Bienen ist das kein Nachteil.

1 Nach dem Winter leben bei Imker Lung 15 000 Bienen in einem Bienenvolk zusammen.

Vor dem nächsten Winter sind es fünfmal so viele.
Wie viele Bienen sind es vor dem nächsten Winter?

2 Imker Lung erzählt: „Meine Bienen sind fleißig.
Sammlerinnen fliegen bis zu zehnmal am Tag aus und bestäuben pro Flug etwa 20 Blüten. So sorgen die fleißigen Helferinnen für ertragreiche Kirsch- und Apfelernten."

In einem Bienenstock lebt ein Drittel Sammlerinnen.
Wie viele Blüten kann das Bienenvolk von Imker Lung pro Tag bestäuben

a) nach dem Winter,   b) vor dem nächsten Winter?

Imker Lung erzählt:
„Meine Honigbienen stellen den süßen, leckeren Honig her. Dafür benötigen sie Nektar, den sie aus Blüten sammeln, und Honigtau, der von Kleinstinsekten wie Blattläusen stammt.

Für 1 g Honig muss die Sammlerin 3 g Nektar sammeln. Dazu muss sie etwa 1 500 Blüten besuchen. In unseren Feldern fliegt sie dafür insgesamt mindestens 40 km weit."

3 a) Wie viel Nektar müssen die Bienen für 1 Gramm Honig sammeln?

b) Wie viele Blüten müssen sie dafür besuchen?

c) Wie weit fliegen sie dafür?

4 a) Wie viel Nektar müssen die Bienen für 1 Kilogramm Honig sammeln?

b) Wie viele Blüten müssen sie dafür besuchen?

c) Wie weit fliegen sie dafür?

5 Lena sagt: „Für 1 Kilogramm Honig fliegen die Bienen mindestens genauso weit wie es einmal um die Erde ist." Kann das sein?

6 Imker Lung erzählt: „Im letzten Jahr hat mein Bienenvolk 80 Kilogramm Honig produziert. Ich habe mir nur ein Viertel davon genommen. Den übrigen Honig haben die Bienen zur Eigenversorgung benötigt."

a) Wie viel Kilogramm Honig hat der Imker von seinem Bienenvolk bekommen?

b) Wie viel Kilogramm haben die Bienen für ihren Eigenbedarf benötigt?

1 Dividiere alle Zahlen durch 5.

a) In welchen Korb kommen die Zahlen?

b) Schau dir die Zahlen im Korb „kein Rest" an.
Was fällt dir auf?

c) Schreibe sechs fünfstellige Zahlen auf, die sich ohne Rest durch 5 dividieren lassen.

2 Dividiere alle Zahlen durch 9.

a) In welchen Korb kommen die Zahlen?

b) Bilde die Quersumme der Zahlen aus dem Korb „kein Rest".
Was fällt dir auf?

c) Bilde die Quersumme der Zahlen aus dem Korb „mit Rest".
Was fällt dir auf?

3 Suche die Zahlen, die sich ohne Rest durch 9 dividieren lassen.
Dividiere diese Zahlen durch 9.

a) 63 728   51 045   42 390   13 221   76 326   59 724   89 865
b) 27 423   99 999   63 485   32 480   53 154   60 582   87 345

4 Dividiere alle Zahlen durch 3.

a) In welchen Korb kommen die Zahlen?

b) Bilde die Quersumme der Zahlen aus dem Korb „kein Rest".
Was fällt dir auf?

c) Bilde die Quersumme der Zahlen aus dem Korb „mit Rest".
Was fällt dir auf?

5 Suche die Zahlen aus Aufgabe 3, die sich ohne Rest durch 3 dividieren lassen.
Dividiere diese Zahlen durch 3.

6 Vervollständige die Merksätze:

a) Alle Zahlen, die an der Einerstelle eine 0 oder 5 haben, sind durch ▇ teilbar.

b) Alle Zahlen, deren Quersumme sich durch 3 teilen lässt, sind durch ▇ teilbar.

c) Alle Zahlen, deren Quersumme sich durch 9 teilen lässt, sind durch ▇ und ▇ teilbar.

1

Das sind TAMTAM-Zahlen.	Das sind keine TAMTAM-Zahlen.
705 705	
231 231	123 456 83 830
662 662	
282 282 170 170	262 263 471 174

TAMTAM-Zahlen
• wie du sie bildest
• wie du damit eine Zahl errätst.

a) Welche Zahlen sind TAMTAM-Zahlen?

269 269   701 107   505 550   987 876   888 888
47 770   361 361   303 303

b) Aus den Ziffern 3, 5 und 7 kannst du sechs TAMTAM-Zahlen bilden.

c) Wie viele TAMTAM-Zahlen kannst du aus zwei Einsen und einer Acht bilden?

2

a) Wähle eine ZAHL zwischen 100 und 500.
Multipliziere die ZAHL mit 91.
Multipliziere das Ergebnis mit 22.
Du erhältst eine TAMTAM-Zahl.

Meine TAMTAM-Zahl.

246 246

Alles klar. Deine ZAHL war 123.

b) Diese TAMTAM-Zahlen sind die Ergebnisse. Wie heißt die ZAHL?

648 648   810 810   340 340   434 434   550 550   374 374

3

Spielt zu zweit. Einer wählt eine ZAHL und rechnet wie in Aufgabe 2.
Dann zeigt er das Ergebnis seiner Partnerin. Sie rät die ZAHL.

4

a) Wähle eine ZAHL zwischen 10 und 90.
Ihre Quersumme soll kleiner als 10 sein.
Multipliziere die ZAHL mit 143.
Multipliziere das Ergebnis mit 77.

Meine TAMTAM-Zahl.

275 275

Alles klar. Deine ZAHL war 25.

b) Das sind die Ergebnisse.
Mit welchen ZAHLEN wurde gerechnet?
Prüfe nach.

253 253   594 594   781 781   462 462   220 220   484 484

c) Hier hat Zahline Ziffern im Ergebnis unleserlich gemacht. Findest du sie wieder?

3 ■■■■ 4   28 ■■■■ ■   1 ■■■ 7 ■   ■ 9 ■■■ 3   ■ 3 ■■■ 0   ■ 5 ■ 5 ■■

5

a) Wähle eine ZAHL zwischen 100 und 1000.
Multipliziere die ZAHL mit 77.
Multipliziere das Ergebnis mit 13.

Meine TAMTAM-Zahl.

273 273

TAM. Deine ZAHL war 273.

b) Erkläre, wieso Zahlines Behauptung stimmt.

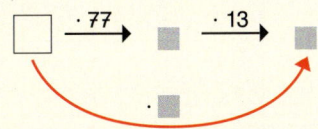

Ganz große Zahlen

Vor langer Zeit herrschte in Indien König Shihram. Er war kein guter Herrscher. Sein Volk litt große Not. Aber es war gefährlich, den König auf seine Fehler aufmerksam zu machen. Da lehrte der Weise Sissa den König das Schachspiel, in dem die wichtigste Figur, der König, ohne die Hilfe der anderen Figuren und Bauern nichts ausrichten kann. Dem König gefiel das Spiel so sehr, dass er zum Dank Sissa versprach: „Du darfst dir wünschen, was du willst." Sissa sagte: „Ich wünsche mir Weizenkörner für die Armen. Auf das erste Feld des Schachbretts soll ein Korn kommen, auf das zweite doppelt so viele, also zwei, auf das dritte wieder doppelt so viele, also vier und so weiter bis zum letzten der 64 Felder." Der König lächelte. „Du hättest dir ruhig etwas mehr wünschen können." Er befahl dem Rechenmeister auszurechnen, wie viele Körner Sissa bekommen werde. Als er sich am nächsten Tag erkundigte, traf er einen ganz verzweifelten Rechenmeister. Der König tobte: „Das kann doch nicht so schwer sein: 63mal verdoppeln und 64 Zahlen addieren." „Gewiss nicht", antwortete der Rechenmeister, „aber so viele Weizenkörner gibt es auf der ganzen Welt nicht!" Der Weise Sissa lächelte.

1 Tim rechnet aus, wie viele Körner auf den Feldern liegen. Schreibe die Tabelle in dein Heft. Auf welchem Feld liegen zum ersten Mal mehr als
a) 1 000 Körner,   b) 10 000 Körner,   c) 1 Million Körner?

auf Feld	Anzahl Körner
1	1
2	2
3	4
4	8
5	16
6	32
7	64
8	128

2 Wie viel Körner sind es zusammen? Tim stellt fest, dass auf jedem Feld ein Korn mehr liegt als auf allen Feldern davor zusammen.
Nach welchem Feld sind es zum ersten Mal zusammen mehr als
a) 100 Körner,   b) 1 000 Körner,   c) 1 Million Körner?

Wenn ich auf das erste Feld noch ein Korn lege, dann liegen auf jedem Feld so viele Körner wie auf den Feldern davor zusammen.

3 Petra wiegt Weizenkörner aus: Ungefähr 1 000 Körner wiegen 50 g. So viel wiegen die Körner auf dem 11. Feld. Auf welchem Feld wiegen die Körner zum ersten Mal
a) mehr als 1 Kilogramm,   b) mehr als 1 Tonne?

4 Ein Getreidetransporter kann ungefähr 7 Tonnen Getreide laden. Für das 28. Feld allein wird ein Transporter benötigt. Wie viele Transporter werden für das 32. Feld benötigt? Wie viele Transporter für das 40. Feld?

5 Du kennst die Zahlen bis 1 Million. Es gibt noch viel größere Zahlen. Hier sind Beispiele. Kannst du diese Zahlen lesen?
a) Geschätzte Weizenernte auf der ganzen Welt im Jahr 2010 in Tonnen.
b) Ungefähres Gewicht der Weizenkörner auf dem Schachbrett des Sissa in Tonnen.
c) Anzahl der Weizenkörner auf dem 64. Feld.
d) Anzahl der Körner auf dem ganzen Schachbrett des Sissa.

	Trilliarden	Trillionen	Billiarden	Billionen	Milliarden	Millionen	Tausend	H	Z	E
a						6 5 6	0 0 0	0	0	0
b					1	8 0 1	4 3 9	8	5	0
c		9	2 2 3	3 7 2	0 3 6	8 5 4	7 7 5	8	0	8
d		1 8	4 4 6	7 4 4	0 7 3	7 0 9	5 5 1	6	1	5

 *Jede Aufgabe ist anders.*

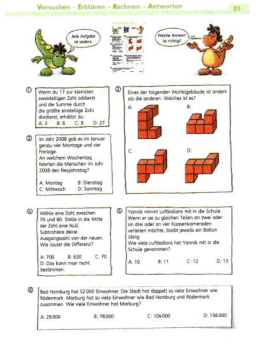

 *Welche Antwort ist richtig?*

① Wenn du 17 zur kleinsten zweistelligen Zahl addierst und die Summe durch die größte einstellige Zahl dividierst, erhältst du:

A: 3   B: 6   C: 9   D: 27

② Eines der folgenden Würfelgebäude ist anders als die anderen. Welches ist es?

A:

B:

C:

D:

③ Im Jahr 2008 gab es im Januar genau vier Montage und vier Freitage.
An welchem Wochentag feierten die Menschen im Jahr 2008 den Neujahrstag?

A: Montag   B: Dienstag
C: Mittwoch   D: Sonntag

④ Wähle eine Zahl zwischen 70 und 80. Stelle in die Mitte der Zahl eine Null. Subtrahiere deine Ausgangszahl von der neuen. Wie lautet die Differenz?

A: 700   B: 630   C: 70
D: Das kann man nicht bestimmen.

⑤ Yannik nimmt Luftballons mit in die Schule. Wenn er sie gerecht an zwei oder an drei oder an vier Klassenkameraden verteilen möchte, bleibt jeweils ein Ballon übrig. Wie viele Luftballons hat Yannik mit in die Schule genommen?

A: 10   B: 11   C: 12   D: 13

⑥ Ettlingen hat 38 000 Einwohner. Die Stadt hat doppelt so viele Einwohner wie Bad Friedrichshall. Göppingen hat so viele Einwohner wie Ettlingen und Bad Friedrichshall zusammen. Wie viele Einwohner hat Göppingen?

A: 19 000   B: 57 000   C: 76 000   D: 114 000

Den Zahlenraum bis 1 Million kennen

```
  0   100 000  200 000  300 000  400 000  500 000  600 000  700 000  800 000  900 000  1 000 000
```

Zahlen zerlegen

9 HT + 7 ZT + 5 T + 8 H + 9 E   975 809

Sicher mit der Stellenwerttafel umgehen

M	HT	ZT	H	H	Z	E
	9	7	5	8	0	9

Nachbarzahlen bestimmen

Nachbar-tausender	Nachbar-hunderter	Nachbar-zehner	Vorgänger	Zahl	Nachfolger	Nachbar-zehner	Nachbar-hunderter	Nachbar-tausender
42 000	42 500	42 560	42 566	42 567	42 568	42 570	42 600	43 000

Zahlen runden

Zahl	gerundet auf			
	Hunderter	Tausender	Zehntausender	Hunderttausender
42 567	42 600	43 000	40 000	–
235 409	235 400	235 000	240 000	200 000
650 098	650 100	650 000	650 000	700 000

Bei 0, 1, 2, 3, 4 wird abgerundet.
Bei 5, 6, 7, 8, 9 wird aufgerundet.

Fachbegriffe richtig anwenden

Addiere 104 und 70.
Die **Summe** ist 174.

$104 + 70 = 174$

Subtrahiere 70 von 174.
Die **Differenz** ist 104.

$174 - 70 = 104$

Multipliziere 4 und 700.
Das **Produkt** ist 2 800.
Das **Vierfache** von 700 ist 2 800.

$4 \cdot 700 = 2800$

Dividiere 2 800 durch 4.
Der **Quotient** ist 700.
Der **vierte Teil** von 2 800 ist 700.

$2800 : 4 = 700$

Beim **Dividieren** kann ein **Rest** auftreten.

$70 : 4 = 17 \text{ R } 2$

100 ist durch 4 **teilbar**, denn beim Dividieren bleibt kein Rest.
Die Zahlen, durch die man 100 ohne Rest teilen kann, heißen **Teiler** von 100.
Alle Teiler von 100: 1, 2, 4, 5, 10, 20, 25, 50, 100.

Alle Zahlen der Vierer-Reihe auch über 40 hinaus heißen **Vielfache** von 4.
Vielfache von 4 (Beispiele): 4, 8, 12, 40, 44, 100, …

Rechengesetze nutzen

Zahlen **addieren** kannst du in beliebiger Reihenfolge.
$17 + 64 + 6 = 64 + 6 + 17 = 70 + 17 = 87$

Zahlen **multiplizieren** kannst du in beliebiger Reihenfolge.
$4 \cdot 7 \cdot 5 = 4 \cdot 5 \cdot 7 = 20 \cdot 7 = 7 \cdot 20 = 140$

Rechenregeln kennen

Punktrechnung vor Strichrechnung!
$60 - 10 \cdot 5 = 60 - 50 = 10$
$60 + 10 : 5 = 60 + 2 = 62$

Teilbarkeitsregeln kennen

Alle Zahlen, die an der Einerstelle eine 0 haben, sind durch 10 teilbar.

Alle Zahlen, die an der Einerstelle eine 0 oder 5 haben, sind durch 5 teilbar.

Alle Zahlen, deren Quersumme sich durch 3 teilen lässt, sind durch 3 teilbar.

Alle Zahlen, deren Quersumme sich durch 9 teilen lässt, sind durch 9 und durch 3 teilbar.

 Diese Aufgaben sollen die Kinder auswendig wissen oder automatisiert lösen können.

 Diese Aufgaben sollen die Kinder mit guten Strategien rechnen.

Im Kopf addieren und subtrahieren

30 600 + 500 000	960 000 − 200 000
30 600 + 50 000	960 000 − 20 000
30 600 + 5 000	960 000 − 2 000
30 600 + 500	960 000 − 200
30 600 + 50	960 000 − 20
30 600 + 5	960 000 − 2

 In Schritten addieren und subtrahieren

70 200 + 320

10 000 − 3 800

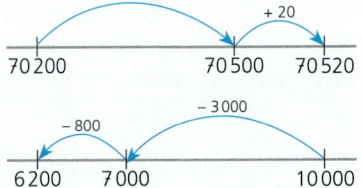

 Schriftlich addieren

```
    3  8  8
 +  2  2  3
 +  2  9  2
    2  1
    9  0  3
```

Überschlag:
400 + 200 + 300 = 900

Schriftlich subtrahieren

```
    7  1  4
 −  2  8  8
    4  2  6
```

Überschlag:
700 − 300 = 400

Entscheiden, ob im Kopf oder schriftlich gerechnet wird

6 300 + 480	3 999 + 205	7 067 + 458
6 300 + 408	3 008 + 299	7 207 + 950

Entscheiden, ob im Kopf oder schriftlich gerechnet wird

7 400 − 320	4 150 − 120	5 837 − 276
7 400 − 302	2 400 − 199	4 124 − 276

 Aufgaben des kleinen Einmaleins auswendig wissen

8 · 7	10 · 6	24 : 6	70 : 7
9 · 3	0 · 8	24 : 8	0 : 9
6 · 6	1 · 0	24 : 3	0 : 1

 Halbschriftliche Aufgaben in Schritten lösen

11 · 8	5 · 12	55 : 5	105 : 5
12 · 4	7 · 11	36 : 3	147 : 7
12 · 9	8 · 12	60 : 5	244 : 4

 Mit vielen Nullen multiplizieren und dividieren

·	10	100	1 000
10	100	1 000	10 000
100	1 000	10 000	100 000
1 000	10 000	100 000	1 000 000

:	10	100	1 000
10 000	1 000	100	10
100 000	10 000	1 000	100
1 000 000	100 000	10 000	1 000

70 · 600 = 42 000	700 · 600 = 420 000
50 · 600 = 30 000	500 · 600 = 300 000

56 000 : 800 = 70	560 000 : 800 = 700
40 000 : 800 = 50	400 000 : 800 = 500

 Schriftlich multiplizieren

```
  4013 · 8
  ───────
  32104
```

Überschlag:
4 000 · 8 = 32 000

```
  4013 · 28
  ─────────
  80260
  32104
  ───────
  112364
```

Überschlag:
4 000 · 30 = 120 000

Erst mal 20, dann mal 8.

 Schriftlich dividieren

21 000 : 3 = 7 000   (der erste Schritt)

```
22220 : 3 = 7406 R 2
21
──
 12
 12
 ──
  02
   0
   ──
   20
   18
   ──
    2
```

Daten und Häufigkeiten darstellen

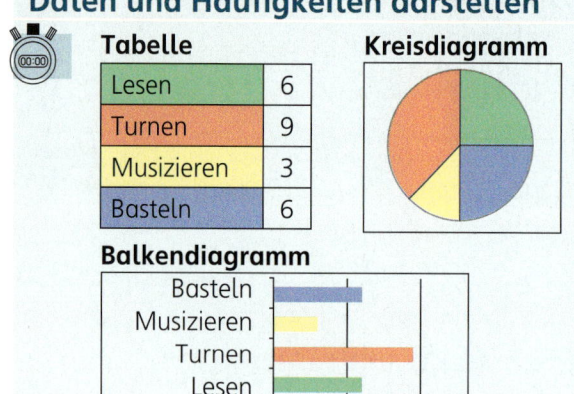

Tabelle

Lesen	6
Turnen	9
Musizieren	3
Basteln	6

Kreisdiagramm

Balkendiagramm

Wahrscheinlichkeiten und Häufigkeiten einschätzen

Würfeln mit zwei Würfeln und die Augenzahlen multiplizieren

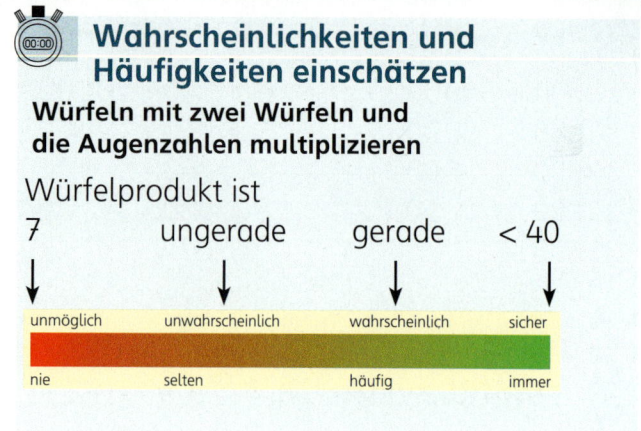

Würfelprodukt ist

7	ungerade	gerade	< 40
↓	↓	↓	↓
unmöglich	unwahrscheinlich	wahrscheinlich	sicher
nie	selten	häufig	immer

Größen ordnen, umwandeln und in verschiedenen Schreibweisen darstellen

Längen   Kilometer   Meter   Zentimeter   Millimeter

1 km = 1000 m   1 m = 100 cm   1 cm = 10 mm

1,235 km = 1 km 235 m = 1235 m	1,25 m = 1 m 25 cm = 125 cm
1,25 km = 1 km 250 m = 1250 m	1,5 m = 1 m 50 cm = 150 cm
1,5 km = 1 km 500 m = 1500 m	1,5 cm = 1 cm 5 mm = 15 mm

Gewichte   Tonne   Kilogramm   Gramm

1 t = 1000 kg   1 kg = 1000 g

Hohlmaße   Liter   Milliliter

1 l = 1000 ml

| In einen Würfel mit der Kantenlänge 1 cm passt 1 ml Wasser. |

$\frac{1}{2}$ l = 0,5 l = 500 ml $\frac{1}{4}$ l = 0,25 l = 250 ml $\frac{1}{8}$ l = 0,125 l = 125 ml

Zeit

Jahr   Monat   Woche   Tag   Stunde   Minute   Sekunde

1 Jahr hat 12 Monate. 1 Jahr hat 365 Tage oder 366 Tage (Schaltjahr).
1 Monat hat 28, 29 (Schaltjahr), 30 oder 31 Tage, ein Monat hat etwas mehr als 4 Wochen.
1 Woche = 7 Tage   1 Tag = 24 Stunden   1 Stunde = 60 Minuten   1 Minute = 60 Sekunden

Geometrie

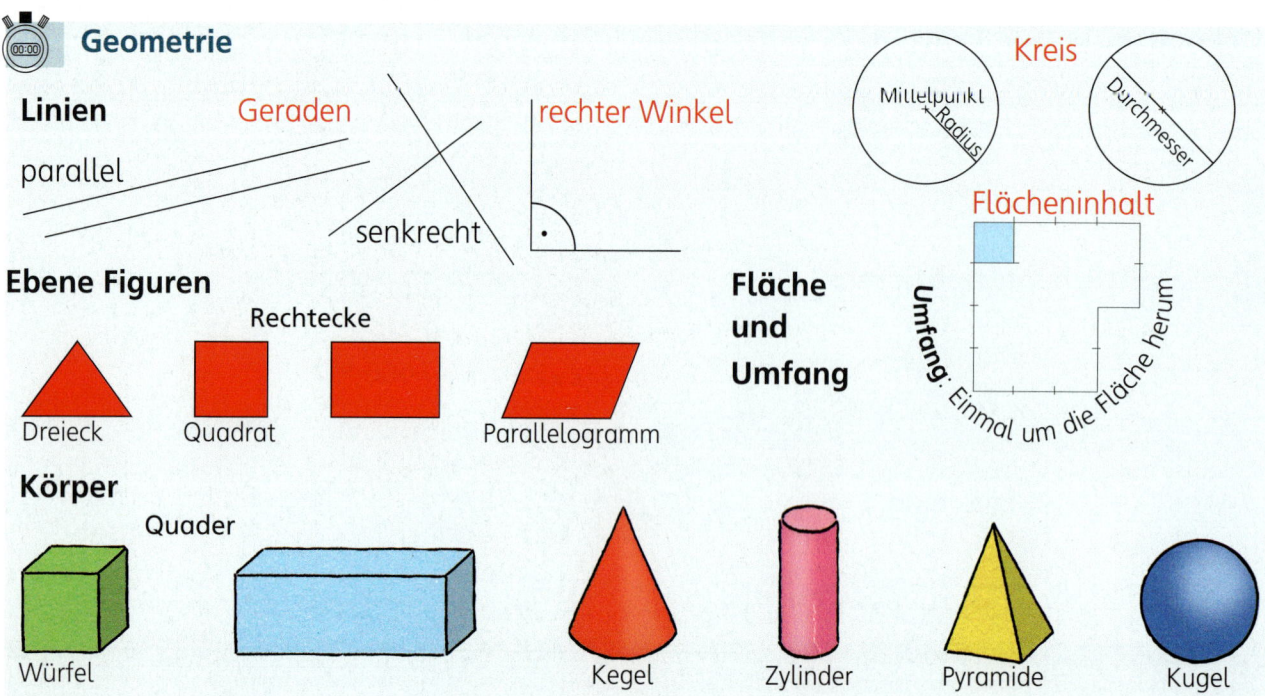

Kreis

Linien   Geraden   rechter Winkel

parallel

Mittelpunkt   Radius

Durchmesser

senkrecht

Flächeninhalt

Ebene Figuren

Rechtecke

Dreieck   Quadrat   Parallelogramm

Fläche und Umfang

Umfang: Einmal um die Fläche herum

Körper

Quader

Würfel   Kegel   Zylinder   Pyramide   Kugel